安徽省高速公路绿色服务区建设实践

徐　静　简　丽　何晓辉　编著

合肥工業大學出版社

图书在版编目(CIP)数据

安徽省高速公路绿色服务区建设实践/徐静,简丽,何晓辉编著.—合肥:合肥工业大学出版社,2022.3

ISBN 978-7-5650-5174-6

Ⅰ.①安… Ⅱ.①徐…②简…③何… Ⅲ.①高速公路—服务设施—建筑设计—安徽 Ⅳ.①U491.8

中国版本图书馆CIP数据核字(2021)第167751号

安徽省高速公路绿色服务区建设实践

徐 静 简 丽 何晓辉 编著 责任编辑 刘 露

出 版	合肥工业大学出版社	版 次	2022年3月第1版
地 址	合肥市屯溪路193号	印 次	2022年3月第1次印刷
邮 编	230009	开 本	710毫米×1010毫米 1/16
电 话	理工图书出版中心:0551-62903004	印 张	13.5
	营销与储运管理中心:0551-62903198	字 数	195千字
网 址	www.hfutpress.com.cn	印 刷	安徽联众印刷有限公司
E-mail	hfutpress@163.com	发 行	全国新华书店

ISBN 978-7-5650-5174-6 定价:70.00元

前　言

党的十八大以来，党中央从中国特色社会主义事业"五位一体"总体布局的战略高度出发，强力推进生态文明建设，提出建设美丽中国目标。党的十九大报告提出"坚持人与自然和谐共生"，并将其作为新时代坚持和发展中国特色社会主义的基本方略之一。良好的生态环境是人类生存和社会持续发展的基础，绿水青山就是金山银山。

2019 年 9 月，中共中央、国务院印发《交通强国建设纲要》，要求"坚持新发展理念，坚持推动高质量发展，坚持以供给侧结构性改革为主线，坚持以人民为中心的发展思想"，以此来"构建安全、便捷、高效、绿色、经济的现代化综合交通体系，打造一流设施、一流技术、一流管理、一流服务，建成人民满意、保障有力、世界前列的交通强国"。

高速公路服务区作为高速公路的重要附属设施，是交通运输行业服务社会经济发展的重要窗口。我国高速公路规模大、里程长、涉及范围广，目前高速公路服务区的数量已超过 3000 对。服务区是公路交通的重要组成部分，需着力提升高速公路服务区建设水平与服务质量，一方面是贯彻落实生态文明理念，践行绿色交通发展的要求；另一方面，是满足公众便捷出行的要求和不断增长的多样化出行需求。

1992 年，合宁高速（现 G40 沪陕高速合宁段）大墅服务区开始运营，这是安徽省首对运营的高速公路服务区。经过近 30 年的大力发展，安徽省高速公路服务区建设理念不断丰富，节能减排、污染防治、景观优化等技术应用不断创新，整体生态环境保护水平显著提升；同时结合地方经济、历史、文化特点对服务区进行功能定位，打造了一批特色服务区，增加了经济效益，带动了地方经济发展，传播了地域文化，发展水平明显提高。

本书是对近 30 年来安徽省高速公路绿色服务区建设实践成果的梳理和总结，全书分为技术篇和案例篇，共 11 章。技术篇（第 1 章至第 8

章)从选址与用地、场地规划、景观绿化、建筑、暖通及电气系统、环保设施、功能拓展等方面,总结阐述了绿色服务区的建设理念和常用技术;案例篇(第9章至第11章)选取了安徽省部分典型服务区进行实践经验介绍,包括京台高速(G3)九华山服务区、滁新高速(S12)龙门寺服务区、绩黄高速(S01)华阳服务区等。

本书由安徽省交通控股集团有限公司、交通运输部科学研究院、安徽省交通规划设计研究总院股份有限公司、安徽省驿达高速公路服务区经营管理有限公司共同编写完成,由徐静(教授级高工)任主编,简丽(教授级高工)、何晓辉(高级工程师)任副主编。参加编写人员包括安徽省交通控股集团有限公司贾珍珍、柯礼祥、杨杨,交通运输部科学研究院杨艳刚、王玉滴、关磊,安徽省交通规划设计研究总院股份有限公司潘忠健、廖彦、谈志远、张秋婷、杨晓茹,安徽省驿达高速公路服务区经营管理有限公司杨群山、王兴兵、郑毅强、彭玉明、邓策、张华、徐彦、王炎。在编写过程中,我们力求做到理论与实践相结合,系统性与实用性相统一,深入浅出,使读者对高速公路绿色服务区从建设理念、实用技术到工程实践有一个较为全面的了解。本书的出版,以期为我国公路交通的建设管理人员、工程技术人员和相关科研人员提供参考和借鉴,为推进高速公路绿色服务区建设尽一份绵薄之力。

科技进步日新月异,绿色服务区建设涵盖领域广、涉及专业多,但限于作者的实践经验,本书中缺点、错误之处在所难免,敬请广大读者批评指正,以便今后进一步修改完善。

编著者

2020年9月

目　　录

技　术　篇

案　例　篇

技　术　篇

第1章　绿色服务区概述

我国历来高度重视生态文明建设。在“十二五”规划纲要中就明确提出“树立绿色、低碳发展理念，以节能减排为重点，健全激励与约束机制，加快构建资源节约、环境友好的生产方式和消费模式”，绿色发展和低碳发展被提升到至关重要的地位。党的十八大报告也提出“着力推进绿色发展、循环发展、低碳发展，形成节约资源和保护环境的空间格局、产业结构、生产方式、生活方式，从源头上扭转生态环境恶化趋势，为人民创造良好生产生活环境，为全球生态安全作出贡献”。进入“十三五”时期，“十三五”规划纲要提出要牢固树立和贯彻落实“创新、协调、绿色、开放、共享”的发展理念，其中绿色是永续发展的必要条件和人民对美好生活追求的重要体现，必须坚持节约资源和保护环境的基本国策，加快建设资源节约型、环境友好型社会，形成人与自然和谐发展现代化建设新格局。党的十九大报告更明确指出“我们要建设的现代化是人与自然和谐共生的现代化，既要创造更多物质财富和精神财富以满足人民日益增长的美好生活需要，也要提供更多优质生态产品以满足人民日益增长的优美生态环境需要”。

2019年9月，中共中央、国务院印发了《交通强国建设纲要》，提出要“坚持新发展理念，坚持推动高质量发展……推动交通发展由追求速度规模向更加注重质量效益转变……构建安全、便捷、高效、绿色、经济的现代化综合交通体系，打造一流设施、一流技术、一流管理、一流服务，建成人民满意、保障有力、世界前列的交通强国”。《交通强国建设纲要》突出了绿色发展要求，提出了促进资源节约集约利用、强化节能减排和污染防治、强化交通生态环境保护修复的任务。

高速公路服务区是在高速公路沿线设置的，为车辆提供停车、补充能源、简易维修服务和为司乘人员提供饮水、如厕、休息、餐饮、购物等服务的公路服务设施，承担着为过往人员提供生活保障、为车辆运行提供安全保障的基本职能，并且为紧急事件的发生提供应急解决场所。高速公路服务区建设与土地、环境、能源等资源要素息息相关，是推进绿色公路建设的重要一环。推进绿色服务区建设，不仅要注重建设本身经济合理、技术可行，还要注重节约、环保、品质、可持续发展的多目标最优，并更加注重资源节约、环境友好，以及服务区在质量效率和需求引领下的服务提升。

我国大陆地区高速公路服务区在1988年10月25日随着沈（阳）大（连）高速公路井泉服务区开业运营而正式诞生，30余年来经历了从无到有、由稚嫩到成熟的蜕变。随着我国高速公路通车里程于2016年末超越美国位居世界首位，达到13.1万千米，服务区、停车区数量也已达2800余对；2019年末我国高速公路里程达到14.96万千米，服务区、停车区数量超过3000对。伴随着国民经济发展和人民生活水平的不断提高，汽车保有量逐渐上升，客运、货运需求不断增长，服务区的消费潜力巨大。按照平均水平测算，未来仅高速公路服务区每年将有2000多亿元的消费需求，市场潜力巨大。作为高速公路重要的附属功能，不断完善高速公路服务区服务设施，提升服务能力和服务水平，不但可以增强其盈利水平，有利于可持续发展，而且优美的环境、优质的服务也使服务区成为新时期交通行业展示自身形象的重要窗口和着力推进绿色发展的前沿阵地。深化绿色服务区建设，要大力推动理念创新、技术创新、管理创新，提升服务区建设品质和服务水平，推动资源集约节约利用、能源清洁利用、生态保护修复、污染防治、信息化智能化技术应用。

1.1 服务区服务功能分析

高速公路服务区对于长途旅行的车辆和人员都具有十分重要的作用，是保证交通安全畅通的必备沿线设施。服务区的服务功能主要包括三个方面：一是为行驶车辆提供停车、加油、维修等服务；二是为驾驶人、旅客及服务区管理人员提供日常的生活服务；三是为运输的货物提供必要的途中维护服务。

1.1.1　服务于车辆

匝道是汽车由高速公路进入服务区的通道，设计时要充分考虑在匝道和变速车道上汽车速度的变化，以利于汽车行驶安全。为适应服务区停车场内汽车多变的行驶状态，匝道必须能够引导汽车自然顺畅地由主线进入停车场，或者从停车场驶入主线，以保证行驶的安全；同时，从匝道至贯穿车道之间，需要设计成能够识别出停车场和各种设施布置情况的有良好通视条件的线形。

停车场是服务区重要的场地设施之一，是进行车辆停放、安全检查、货物整理等活动的场所，也是人、车交汇的枢纽。停车场从其使用功能上考虑，分为停车车位和车道。停车场内的停车车位与车道布置必须与设计车辆相适应，使之能够合理停放与自如进出，且能有效地利用土地。

加油站、修理所是为过往车辆提供加油、加水、清洗、维修、零件配置等服务的场所。修理所与加油站设置在同一栋建筑内，能够有效地利用设施，节省用地，且有利于加油和待修车辆行驶路线的布置。此外还有相当一部分服务区将其布置在服务区入口处，便于司机先停车，让旅客进入休息大厅，再加油、修整。

服务区标志标线是为使用者及时传递某种信息的视觉符号，用来指导人的行动。标志的图形符号应具有直观、简明、易懂、易记的特征，可使不同年龄、不同文化水平和使用不同种语言的人均容易理解；标线多是各种车辆的停车位标线和导流线等，应当指向明确，不存在交叉、冲突等情况。标志标线必须标准化、规范化，设置醒目，才能充分发挥作用。

1.1.2　服务于司乘人员

餐厅、超市、卫生间、客房、休憩场所是司乘人员在服务区的主要活动区域，这些场所的设置需要与使用者的需求相适应，应充分考虑到满足使用者的需求。由于大多数旅客在服务区只作短暂停留，因而餐厅的经营项目应主要以快餐为主。总体来看，各服务区的餐厅基本上都独立经营，卖什么产品、提供的菜品数量和质量均由餐厅自主决定。有些服务区饭菜的品种单一，质量得不到保证，并且价格不菲，一些司乘人员宁愿携带方便食品也不愿在服务区就餐。因此，服务区管理方可考虑引进知名连锁快餐经营企业，让服务区使用者体验到如同在城市中餐饮消费的服务，从而增加服务区餐饮的吸引力，实现双赢。

超市主要经销日常旅行用品、当地土特产、各类方便食品以及饮料等。除了提供的商品要满足出行人的需要以外，还应特别关注老人、小孩以及女性在出行中的特殊需求。

公共卫生间是服务区中一个比较重要的设施，其使用次数最为频繁。公共卫生间必须设置得既醒目又有足够的容量，能够满足高峰期使用的需求，避免旅客聚集。通常大客车运送的旅客较多，其进入服务区后要求在很短时间内使用卫生间，因此服务区卫生间的设置应更多地考虑大中型客车旅客对如厕的需求，尽量设置在大型客车停车场附近。

休息室及客房主要面向货车驾驶员和旅客设置，房间、床位数量等也应主要根据这两类人员的使用需求量决定。由于旅客和货车驾驶员的消费水平和消费习惯的不同，因此，需考虑为旅客和驾驶员分别设立休息室，并在不同类别的休息室内配置不同的设施。为旅客设立的休息室应注重设施的舒适性，邻近景区的服务区还可考虑设置景观房、特色房间等；为驾驶员提供的休息设施更应注重具有缓解驾驶疲劳的功能，并且价格能够让大多数驾驶员接受。

休憩场所通常设在停车场与主体建筑之间的广场，或在主建筑周边，一些服务区也设置在停车区、餐厅、商店、厕所等设施的前面，以便于使用。休憩场所的形式往往以绿地、雕塑、喷泉和茶座为主，在美化服务区环境的同时，也为旅客提供室外休息、散步、活动和观景的场所，以缓解其疲劳或紧张的情绪。

1.1.3　服务于货物运输

在服务区功能设置方面，不少服务区往往缺乏对高速公路货物服务对象的考虑。随着我国经济的繁荣和货运市场的发展，高附加值产品的运量越来越大。与传统的低价值的原材料运输货物不同，高附加值产品对运输环境要求更高，且一旦造成货损货差，赔偿费用较高，这就需要更为细致的途中维护。有的货物在长途运送过程中仅依靠车辆自身的货物保全系统不足以维护货物的完好性，需要在途中进行一些必要的补给或检查。

服务区可根据所服务的货物种类配置相应的服务设施，以更好地满足货物运输的需求。例如，对运送鲜活动物的，可提供清洗、喂食等服务；对运送新鲜瓜果蔬菜、鲜花及苗木的，可设立相应的保鲜设施；对于运送危险品的车辆，服务区可提供相关的检测设施和防护设施，以保证运输途中危险品状态正常。服务区还可提供包装器具及材料，方便在运输途中对包装破损的货物及时更换包装，以便更好地保护货物，减少货损货差。

1.1.4　延伸服务

提供停车、如厕、餐饮、加油以及车辆维修等服务是服务区的基本服务功能，在此基础上，因地制宜地根据地区经济社会发展需要以及公路运输发展的新变化，为驾乘人员提供地方特色商品选购、客货运输物流节点、高速公路救援、旅游接待等延伸服务，可以提升服务区综合服务能力，满足驾乘人员多层次的需求。

具备条件的服务区可以结合区域节点位置优势，打造旅游服务区。以出行和旅游休闲为目的的旅客，在出行途中有不同的需求层次。以出行为目的，特别是大中型客车的旅客途中需求的个性化方面受到抑制，表现出更多的是完成群体性出行的承运方的引导性需求，如在预设的固定时间于某固定的服务区停靠，在该服务区进行必要的休息、如厕及额外的购物活动等。这类客车出行车流愿意在服务区停留的时间一般较短，且时间较为固定，对服务区的依赖也仅限于固定的简单服务。而以旅游休闲为出行目的的旅客对出行过程的品质有着较高的要求，需要享受出行过程的舒适感、可选择性及自由性，同时这类乘客的支付能力和支付意愿也较强。这部分旅客对购物、休闲、观光有需求，对服务区的景观、环境、服务品质等也有较高的期望。

服务区还可以与道路旅客运输企业加强沟通协作，结合长途客运发展需要和接驳运输规划，按照“市场主导，因地制宜，双向选择，共建共赢”的原则，加强对停车场和客房等重点设施的改造，满足接驳驾驶员和管理人员住宿、办公、就餐等基本需要，促进长途客运接驳运输业持续健康发展。具备条件的地方应为接驳运输车辆划定专用停车区域，规范客运接驳管理。

1.2　服务区环境影响分析

1.2.1　服务区建设对环境的影响

服务区建设过程将对资源环境产生一系列影响，主要包括土地资源占用、自然生态影响、能源消耗、景观改变等。服务区建设不可避免地要占用一定的土地资源，改变土地的原有利用功能，表现为农田、林地、草地等非建设用地转化为交通用地，直接造成区域内相关地类绝对数量和可利用土地资源量的减少，这种影响具有持久性和不可逆性。部分服务区占地面积庞大，并没有合理地规划利用土地，浪费现象十分严重。另外，服务区建设还会消耗水泥、钢材等工程材料。

服务区建设会改变原有地形地貌，造成生态影响，特别是对于在地形条件复杂地区建设的服务区，传统的深挖高填、大规模整地的做法致使原有的自然生态遭到破坏，并且容易造成水土流失；同时，在机械碾压、人员踩踏下，施工用地土壤结构发生了变化，一定时期内土壤的肥沃程度难以恢复。另外，建设过程中还可能对周边生态产生一定的影响，如对山体、水系等造成切割，对周围野生动物生存环境造成不良影响等。施工期间砍伐植被、平整场地，不可避免地会破坏原有的景观，对区域景观质量产生影响。

服务区施工过程涉及大量机械设备的使用，特别是深挖高填大规模平整场地时，施工机械消耗的能源巨大。同时，土石方作业会产生大量扬尘，燃油机械也会排放二氧化硫、二氧化氮等污染气体，造成一定程度的大气污染。

1.2.2 服务区运营对环境的影响

高速服务区运营过程中对资源环境产生的影响主要包括两个方面：一是对电能、水等资源的消耗；二是产生垃圾、污水、噪声、烟气等污染。

服务区要保证正常运营，外场及建筑室内照明、建筑采暖通风、供水及餐饮制作等均需要消耗电能；同时也要消耗大量水资源，用于满足冲厕、盥洗、餐饮、浇灌绿化、洗车等使用需求。

使用者在服务区活动，会产生一定数量的生活垃圾和餐厨垃圾，且以生活垃圾为主。垃圾中含有病原微生物、有机污染物和有毒的重金属等，在存储及转运过程中如处理不当，特别是露天堆放，经风吹日晒雨淋，会导致病菌、病毒、害虫等滋生，垃圾渗滤液会污染土壤、水体，从而危害生态环境。

高速公路服务区内车辆密集，车辆停止、起动频繁，会产生噪声及尾气。噪声主要来自车辆动力噪声和轮胎噪声等，会导致人的听力损伤，也会对人体神经、心脏、消化系统等产生一系列的不良影响。当噪声超过规定的听力损失危险标准时，人们在这种环境下工作就会产生暂时听力损失现象。

汽车尾气中含有一氧化碳、碳氢化合物、氮氧化合物、颗粒物等大气污染物，服务区餐饮制作时排放的油烟中含有苯并芘、二苯并、蒽等 20

余种多环芳香族碳氢化合物、醛类以及颗粒物等，汽车尾气和餐饮油烟都是主要的大气污染物源。一方面这些有害气体对区域大气环境质量造成不利影响；另一方面会对服务区使用者及工作人员身体健康造成不利影响。

1.3 服务区发展现状问题分析

近些年来，我国高速公路服务区在高速公路现代化建设的带动下有了较大的发展，但是由于长久以来对服务区的研究还不够广泛与深入，虽然提出了绿色、生态、节能、健康、舒适等建设理念，但是在具体建设中，大多数仍停留在服务区绿化、美化的层面上。虽然部分服务区在设计中也采用了绿色建筑技术，但是这些研究和工程实践大多针对某一方面进行，没有将服务区的绿色发展作为一个完整的系统进行考虑，导致我国服务区的建设水平还远落后于公路主体的建设水平，不能满足人民日益增长的多元化需要。

1.3.1 服务供给水平不足

服务区的设置缺乏统一规划，总体布局不够合理。在设置上，服务区往往仅考虑单条高速公路沿线的服务区设置间距、规模，缺乏在路网层面统筹考虑区域内服务区的规划布局。由于路网内高速公路分属于不同的经营主体，相互之间缺乏必要的协调与沟通，缺乏统一规划的意识，致使服务区建设形成内部无序和各自为政的局面，造成重复建设和资源浪费。特别是省际、城市周边高速公路的服务区布局，缺乏空间分布、建设时序上的统一协调，造成服务区分布不均匀或功能重叠，严重影响了服务功能和效益的综合发挥，造成资金和资源的极大浪费。

我国早期建成的高速公路服务区由于受当时人们的认识所限，普遍规模较小、容量不足、设施落后，而这些高速公路在路网中往往重要程度高，多为国家高速公路网的重要路段，沿线经济发达，交通量增长迅速。

因此这些早期建设的服务区已不能满足日益增长的交通需要，造成车辆拥挤，甚至有些车辆无法进入服务区而在匝道上排队的现象，存在安全隐患。

1.3.2　功能布局不尽合理

服务区内部各功能区的布局缺少系统性设计。合理的功能布局是服务区设计的前提，场地选址、交通组织、主体建筑以及配套设施布局规划、场地绿化及排水等都关系到服务区的建设水平和功能发挥。然而，目前服务区的功能布局尚缺乏一套完整的理论体系及规范要求，导致服务区内部功能布局不够合理，不同功能单元间缺少系统联系，难以发挥最优功能。比如，在停车场规划方面，停车场地不能被有效利用，停车场地与区内交通交织，造成交通混乱；在建筑及配套设施设计方面，部分区域如超市、休息室等规模过大，使用率不高；部分服务区停车场地很大，而公共卫生间规模很小，导致旅客如厕困难，等等。

1.3.3　运营期资源能源消耗大

服务区运营期用水、用电是资源能源消耗的主要方面，其消耗量大小也直接与服务区费用支出相关。在用水方面，不少服务区远离城镇，用水来源主要为自备井，水资源相对缺乏。然而，部分服务区缺乏节约用水的观念，采用的卫生器具节水性能不高，绿化浇灌采用大水漫灌的方式等。同时，很少有服务区将污水处理后作为再生水，回用于冲厕、绿化、洗车等用途。

部分服务区不重视节能，在建筑设计和建造过程中片面追求外形美，而忽略了内部空间的节能设计，比如在餐厅、超市等公共空间，层高设计过高，虽然能给人开敞的空间感觉，但也增加了运营期空调采暖或制冷的负荷；又如，为追求立面效果大面积开窗，造成了窗墙面积比过大，影响了夏季遮阳效果，造成建筑的隔热性能和保温性能都较差，建筑能耗增加。

以安徽省服务区为例，2019 年末对全省已建成的 100 对服务区（按地理区位划分为 9 个片区）用水用电情况进行了调研，见表 1－1 所列，各片区服务区用电量统计如图 1－1 所示。其中，A 类服务区 17 对，B 类服务区 25 对，C 类服务区 26 对，D 类服务区（停车区）32 对。

表 1－1　安徽省高速公路服务区 2019 年用水用电情况统计表

服务区	2019 年实际用电费用/万元·处$^{-1}$	电量/万千瓦·时·年$^{-1}$	2019 年实际用水费用/万元·处$^{-1}$	水量/万吨·年$^{-1}$	日水量/吨·处$^{-1}$	年水量/万吨·处$^{-1}$
安庆片区	13.54	14.10	6.15	2.28	88.85	3.24
六安片区	17.50	18.23	3.78	1.77	72.50	2.65
淮阜片区	21.10	21.98	19.50	5.86	132.00	4.82
界阜蚌片区	16.50	17.19	3.00	2.91	133.50	4.87
宿州片区	24.17	25.17	5.00	4.23	180.00	6.57
黄山片区	18.88	19.66	5.00	2.11	61.88	2.26
池州片区	27.40	28.54	9.00	3.26	151.00	5.51
芜湖片区	18.00	18.75	9.00	3.33	101.64	3.40
滁马片区	24.33	25.35	9.10	3.37	99.00	3.01

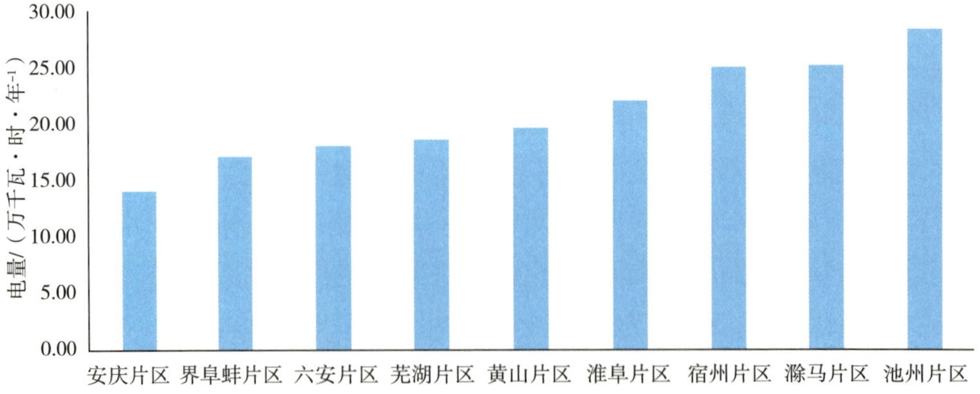

图 1－1　2019 年各片区服务区用电量统计

由前述表、图可知安徽省服务区年平均用水量为 4.04 万吨/处，年平均水费为 7.73 万元/处；年平均电耗为 21.00 万千瓦·时/处，年平均电费为 20.16 万元/处。用水量最大的片区为淮阜片区，平均用水量接近 6 万吨/年；电耗较高的片区为池州片区、滁马片区、宿州片区，用电量均超过 25 万千瓦·时/年，这 3 个片区，货运量、客运量较大，服务区规模大，驶入的车流、人流较多，因此电耗较高。

需要说明的是，安徽省服务区在节水、节能技术应用方面开展了很多实践活动，整体的资源节约水平高于全国服务区的平均水平。但是，有些地区的服务区不重视资源节约，存在浪费现象，水电的消耗量较大。比如，有些服务区用水采用地下水，由于监管不严，用水没有计量，非常不注意节约用水，导致用水量很大。另外，伴随着服务区的高速发展，服务区建筑体量不断增加，建筑的形式和功能也越来越丰富。但是，仅仅片面追求外形美观，而忽略了内部空间的节能设计，由此造成运营过程中建筑能耗显著增加。

1.3.4　污染防治水平亟待提高

有些服务区从规划设计到运营管理都不太重视生态环境的保护。比如，在设计阶段没有很好地考虑保护原地形地貌，大挖大填平整场地，直接破坏了原有植被和生态环境。

运行期可能会产生污水、垃圾、噪声等污染。不少服务区的污水处理设施运行由电工代管，缺少专业技术人员管理维护，出水不达标就排入周边的河流、农田或鱼塘，给周边环境和当地居民生活造成较大的影响，甚至导致居民与服务区发生纠纷，对服务区的正常运营造成不良影响。

服务区普遍重视垃圾分类收集箱的布设，但是集中收集后垃圾的存储堆放却常常不受重视。有些服务区仅建有露天的垃圾池，风吹雨淋造成了二次污染。另外，生活垃圾收集后应由环卫部门定期清运，但由于服务区远离市区，不少服务区都是由附近的农民负责清运的，运走后随意丢弃处置的情况时有发生。

1.4 绿色服务区建设

1.4.1 绿色发展理念

绿色发展是指在生态环境容量和资源承载限制的条件下，通过先进理念和合理机制，形成经济社会进步与环境保护和谐统一的发展模式，涵盖节约、低碳、循环、生态环保、人与自然和谐等内容。绿色发展是可持续发展理念的基本内涵，也是实现可持续发展的内在要求和主要途径。

绿色发展包括“需要”和“限制”两个重要概念，“需要”是满足人民的基本需要，应被放在特别优先的地位来考虑；“限制”指技术状况和社会组织对环境满足眼前和将来需要的能力施加限制。当代人和未来人类需要的满足，是绿色发展的主要目标，离开了这个目标的“持续性”是没有意义的；但是社会经济发展必须限制在“生态可能的范围内”，即地球资源与环境的承载能力之内，超越生态环境“限制”就不可能持续发展。

作为当今世界发展的潮流，绿色发展通过各种科技手段，实现节能减排目标，达到经济发展与环境保护的双赢模式，充分体现了可持续发展的思想。新的时代赋予了其丰富的内涵，主要包括：(1)重视转变生产方式、生活方式、发展方式和消费方式；(2)与技术相结合，重视绿色低碳科技的开发与应用；(3)旨在实现节能减排的同时，也为经济增长创造新的增长点。

1.4.2 公路建设对绿色发展的认识

随着对绿色发展理念认识的不断深化，公路行业对绿色公路建设的认识也更加系统。交通运输部《关于实施绿色公路建设的指导意见》(交办公路〔2016〕93 号)中提出，要“建设以质量优良为前提，以资源节约、生态环保、节能高效、服务提升为主要特征的绿色公路，实现公路建设健康可持续发展”。

近年来，随着对绿色公路研究的深入和试点工程的实践，绿色公路的内涵也在不断丰富、完善，目前对绿色公路建设的认识可以概括为“绿色公路建设是按照绿色发展和高质量发展的要求，采用系统论方法，在公路全寿命期内，统筹公路规划、设计、施工、运营全过程，统筹公路建设品质、资源利用、环境影响和运行效率之间的关系，通过理念提升、技术进步和科学管理，精细设计、精心实施，提升工程品质，完善服务功能，提供运行效率，最大限度减少资源、能源耗用和环境影响，实现耐久性好、适用性强、景观协调、环境友好、资源节约、服务提升等综合目标最优”。绿色公路的主要内涵可归纳为“全寿命、全要素、全方位”“低消耗、低排放、低污染”“高效能、高效率、高效益”。

全寿命周期要求坚持系统论的思想，将绿色发展理念贯穿于规划、设计、建设、运营、养护等整个寿命周期的各个阶段；全环境要素要求综合考虑各方面要素，贯彻“安全、耐久、节约、高效、环保、健康”等要求；全方位协同要求除公路主体工程外，还要在附属设施建设及公路运营等方面践行绿色发展理念。

低消耗、节约资源及降低能耗，是在确保安全、耐久的前提下，于公路建设中优先采用可再生材料、可降解材料，促进材料循环利用，通过提升材料品质不断提升工程耐久性，体现节约资源的要求；低排放要求建设过程中有效收集处理废水、废气，最大限度减少污染物排放；低污染要求注重环境平衡，尽量避免对环境造成污染，保护沿线环境、资源和生物多样性。

高效能要求在整个生命周期内通过提升技术水平，综合运用各种措施，达到整体运行效率和服务能力的最大化；高效率要求最有效地使用自然、社会及经济资源，达到资源配置效率最优；高效益要求以最小的环境和资源代价获得可持续发展的最大利益，实现经济效益、社会效益和环境效益的有机统一。

绿色公路在内涵上贯彻高质量发展的要求，实现新的发展：一是在延续公路的功能因素、强调经济效益的传统建设思想的基础上，增加了整体考虑区域经济、环境、社会综合系统的可持续发展思想；二是不仅注重公路经济合理性、技术可行性，还综合考虑经济、节能、环保、景观等多种目标；三是不仅重视当前利益，关注代内公平，还注重保护生态环境，降低能源成本，促进材料循环利用，关注长远利益，统筹好代际关系。

1.4.3 公路行业对服务区绿色发展的要求

近年来，交通运输行业认真贯彻落实中央关于绿色发展的一系列决策部署，加快建设以低碳排放为特征的交通运输体系，不断推进绿色公路建设，对高速公路服务区的建设也提出了更高要求。

2013 年 9 月，《交通运输部关于改进提升交通运输服务的若干指导意见》（交运发〔2013〕514 号）发布，这是交通运输部首次专门就改进提升交通运输服务制定出台的一个综合政策性文件，也是在建设群众满意的交通方面提出的重要举措。该文件针对服务区建设提出“规范高速公路服务区管理。进一步明确服务区的功能定位、服务要求、保障措施和监管机制”“逐步完善人性化服务设施，实时播报路况及气象信息，有序推进绿色低碳生态服务区建设，实现顾客投诉处置零积压”。

2014 年 9 月，交通运输部发布《交通运输部关于进一步提升高速公路服务区服务质量的意见》（交公路发〔2014〕198 号），提出“力争用 3～5 年的时间，打造‘布局合理，经济实用，标识清晰，服务规范，安全有序，生态环保’的现代化服务区，满足公众高品质、多样化服务需求”的要求，并明确提出“积极推广应用各类节能、环保、循环利用技术。推进太阳能、风能等洁净能源与可再生能源利用。实施节能减排技术改造。实现污水处理、中水利用，生活垃圾集中无害化处理。有条件的服务区，应采用绿色建筑的建设标准”等加强绿色服务区建设的具体要求。

2016 年 8 月，交通运输部发布《关于实施绿色公路建设的指导意见》（交办公路〔2016〕93 号），其中将“推进绿色服务区建设”作为推进绿色公路建设的五个专项行动之一，明确提出落实服务区污水处理和利用，推进建筑保温、清洁能源、再生能源等新技术应用。

2018 年 5 月，交通运输部发布《交通运输部办公厅关于印发 2018 年全国公路服务区工作要点的通知》（交办公路函〔2018〕593 号），也将“加强绿色服务区建设”纳入其中，明确“加强绿色服务区和房车营地规划研究，积极推广应用各类节能、环保、循环利用技术，推进截污纳管改造和生活垃圾集中无害化处理，加强水资源循环利用。配合相关部门，加强加气、充电、房车营地等设施建设”。

综上所述，高速公路服务区作为高速公路重要的附属设施，是完善高速公路服务功能、提升高速公路社会形象的重要窗口，在新时期更是展示交通行业着力推进绿色发展的前沿阵地。在深入把握公路建设绿色发展内涵的基础上，绿色服务区建设更应该积极践行行业绿色发展理念。

1.4.4　绿色服务区内涵

随着交通运输业的快速发展，高速公路服务区不仅要具备服务保障功能，还要和日益增长的社会需求相适应，以满足公众高品质、多样化的出行服务需求为目标，因此可以说，对服务区服务功能进行延伸拓展是社会发展的必然要求。

可以将高速公路服务区视为一个由人工主导建造、独立于周边自然生态系统的人工生态系统，有其独特的系统结构以及物质循环、能量流动特征。服务区内人员和车辆是生态系统内的物质循环和能量流动的主导因素，以服务区的服务属性为先导，在考虑绿色发展的本质要求时，通过合理布局，打造合理的系统结构，在系统组分（建筑、设施）建造时，满足生态环保的前提要求；在系统能量及物质输入方面优先选取绿色、环保能源和物质；在物质和能量输出以及主要节点处采取节能、低碳、环保设施设备，实现高效、节能运转；通过加强设施的服务功能，为驾乘人员提供方便快捷的优质服务，从而推动服务区的可持续发展。

根据新形势下交通运输行业对服务区绿色发展的要求，可以把绿色服务区的内涵概括为：从“可持续发展”角度出发，以服务区所在区域环境承载力为基础，统筹在服务区建设运营中的资源利用、能源耗用、污染排放、生态影响和服务品质之间的关系，统筹服务区规划、设计、建设、运营、管理全过程，依靠科技进步强化环境管理，建设资源节约、能源节约、生态环保、服务便捷的高速公路服务区。

1.4.5 绿色服务区的实现途径

1. 节约资源，提高资源利用效率

资源是人类生存发展的物质基础，也是可持续发展的重要保证。节约资源在服务区的建设中首先体现在节约土地上，作为可耗竭性的资源，人们对土地资源的利用开“源”有限，只能节“流”，因此在服务区建设中应以提高土地使用率、少占耕地为目的。合理优化服务区设计不仅仅是节约服务区征地面积，还应注意用地地形及形状的选择，在同样的用地面积、不同地形及形状的用地情况下，做到更有效利用土地；同时合理规划服务区功能布局，使区内流线顺畅，各项配套设施充分发挥其功能，使得土地利用效益最大化。

服务区的建筑设计倡导使用环保材料与循环利用材料。服务区建筑造型要素要简约，不宜采用过分夸张的装饰性构件；将建筑施工、拆除旧建筑和清理场地时产生的固体废弃物分类处理并将其中可再利用材料、可再循环材料进行回收和再利用；综合服务楼的商业单元内采用灵活隔断，减少重新装修时的材料浪费和垃圾产生。

另外，服务区日常运转用水量大，会消耗大量淡水资源。服务区一般位置较偏，远离市政管网，大多采用地下水。服务区的用水中，除对生活用水水质要求高，只能采用地下水或市政管网供水外，其余如冲厕、洗车、绿化、道路浇洒用水均可采用对水质要求低的中水。通过采用先进的污水处理工艺将服务区污水处理为中水回用，实现“开源”，可以大量节约有限的淡水资源，减少对地下水的开采；在末端用水点，采用新型节水技术与设备，能取得“节流”的效果。

2. 能源节约,尽可能利用可再生能源

服务区的能源消耗期分为建设期及运营期两个阶段。在建设过程中,能源伴随施工机械的操作而消耗,这就要求通过合理的优化设计来减少施工的工作量。比如,在考虑原地形条件的基础上灵活设计,相对于传统大开大挖的整地方式,就可以大大降低施工能源消耗。

服务区在运营期的能源消耗主要包括对电、燃煤的消耗。电能主要用于服务区的水泵等动力设备、外场和建筑室内照明以及通风空调等,燃煤用于北方寒冷服务区的冬季采暖。要实现能源节约目的,主要通过两种途径:一是在用能终端上采用节能的技术与产品,减少对传统能源的消耗;二是积极采用新能源技术,开发可再生能源,替代传统能源,从而实现节约传统能源的目的。

根据高速公路所处地区的气候特征和公路附属建筑物的结构要求,对公路服务区建筑设施的外围护结构进行保温隔热,对窗墙采用遮阳导光,可以减少公路服务设施建筑物的冷热负荷,从而减少建筑采暖空调对外部能源的依赖;在暖通空调系统以及建筑照明设备等方面应用节能技术,可以提高建筑用能系统效率,以实现建筑的整体节能目标。这些技术措施都在用能终端上减少了对传统能源的消耗。

在可再生能源利用方面,服务区占地面积大,场地空间开敞,具备理想的利用可再生能源的条件。结合高速公路所处区域的自然地理及气候条件,对太阳能、风能、地热能及生物质能等可再生能源进行综合开发利用,并开展配套设施的可再生能源收集与发生设备或装置的系统开发,以优化服务设施的能源消费结构,提高可再生能源使用率。

3. 绿色环保,消除污染,减小环境影响

服务区的建设和运营不可避免地会造成环境污染和生态破坏,绿色低碳服务区就是要求坚持“最大程度地保护、最小程度地破坏、最大限度地修复”,将其对环境的影响降到最低。

“最大程度地保护”不仅要求保护服务区在地界内的生态环境,更要重视保护其在地界外的生态环境。比如,设计时应深入分析服务区场地

地质、地形及周边环境条件，尽可能保护和利用原地形条件，避免因高填深挖整地可能造成的水土流失；尽可能保护原生植被，避免因规划设计不合理而造成植被破坏，尽可能保留原生植被；采取措施减少对周边生态环境的扰动，最大限度地保护周边生态环境。

“最小程度地破坏”就是在将不可避免地对生态环境造成一定破坏的情况下，要求采取有效措施将破坏范围和程度降到最低。比如，在服务区建设过程中，为了消除场地高差，可采用生态挡墙等措施替代缓边坡，减少场地扰动范围。

“最大限度地修复”就是要求在环境污染或破坏的行为发生后，采取有效措施尽可能消除污染，恢复植被，达到修复生态环境的目的。比如，应重视服务区绿化，在有条件的情况下，尽可能增加服务区绿化量，同时采用本土物种，达到植被恢复和与自然融合的效果。服务区的运营过程中会产生污水、垃圾等，必须对其进行妥善处理才能达标排放，将其污染程度降低到环境可接受程度。

4. 方便快捷，满足公众多样化服务需求

随着社会经济的发展，人们的出行需求不断增长，对公路出行服务保障功能的要求也在不断提高，因此服务区应满足公众多样化的服务需求。比如，服务区除具备如厕、购物等基本服务功能外，还应具备特色餐饮、规模超市、休闲娱乐、信息服务等多层次服务功能，以及物流仓储、货物中转、旅客中转、旅游服务等拓展功能。当然，随着时代的进步，绿色服务区的服务功能会更加丰富、完善。

第 2 章　服务区选址与用地

2.1　安徽省服务区规划

2.1.1　服务区规划理论探讨

高速公路沿线服务设施的规划将直接影响这一服务设施的服务效果及经营状况。长久以来，我国高速公路服务设施的布点和规模往往由主观意识决定，随意性较大，缺乏必要的规划理论依据。这在一定程度上导致了部分路段缺乏服务设施，或者服务设施的规模过小，而另一些路段却因服务设施过多、规模过大并且经营不良，浪费了国家的建设资金和宝贵的土地资源。

服务区布局规划就是在既定的高速公路网络上，对诸多可能的服务区选址、规划、布局方案进行优化，最终确定经济合理、服务功能全面、服务思路现代化的布局。传统观念认为服务区主要是为高速公路使用者（司机、乘客）提供服务，处于被动状态，没有考虑通过建立多功能、个性化的服务区来诱导消费，激发潜在需求。随着社会经济文化的发展以及公路行业服务功能向多元化转变，服务区被动服务规划理念已经落后于现实需求，更悖于未来发展趋势，从被动服务规划理念向主动服务规划理念跨越是未来服务区布局规划的必然要求。主动服务规划理念就是在高速公路网络初步形成的同时，综合考虑高速公路与沿线经济、文化、旅游、现代物流之间双向互动影响，结合人们的出行目的、生活方式、消费观念，建立不仅满足人流和车流，还满足物流、商流、信息流、资金流和文化流等多元化和个性化需求的服务区。通过现代的技术手段，优化服务区布局，提升服务区服务水平，保持可持续发展潜力，从而提高高速公路服务水平、社会效益和投资者经济效益。

2.1.2 国外服务区规划经验

自1932年德国建成世界上第一条高速公路（波恩至科隆线）以来，发达国家的公路交通运输发生了翻天覆地的变化。高速公路的建设日趋完善，服务区的设计也形成了一套较为完备的理论指导和规范，其中欧洲各国以及美国、日本等国家对服务区规划的研究较早，发展也较为成熟。

在德国的高速公路服务区，加油停车服务几乎成了辅助服务，来到这里的驾乘人员大多是为了享受服务区餐饮娱乐等服务的，因此，在服务区规划上应重视商业立面的展示。为了吸引顾客，综合楼基本上都位于服务区的中心区域；建筑形式也大多采用新颖、现代化的设计，如使用玻璃幕墙、丰富外立面颜色等，通过充满商业气息的造型吸引消费者。法国的高速公路服务区则大多采用集中式布局的形式，即双向车道的车辆共用一个服务区；在设计上还特别注重利用自身的优势来开展各种休闲娱乐活动，既能吸引驾乘人员，又可以减轻人们驾驶的疲劳。意大利的高速公路服务区特别重视信息咨询功能的设计，比如在服务区入口处设置关于服务区具体服务状况的智慧公告牌，帮助往来驾乘人员了解服务区内的停车位、厕位及周边区位情况等。希腊的高速公路服务区普遍注重服务区情调的设计，除了建筑风格与景观设计凸显地域文化特色外，综合楼内都会设有当地的特色小餐馆，一杯现磨的咖啡以及可口的点心等是不可缺少的服务。

美国非常重视高速公路服务设施的配套建设，服务区分布会根据交通流量变化和司机的需求情况灵活布置。在一些风景优美的地段，每隔几千米就可能会设置一处服务区，而在一些偏僻的地段，可能数十千米都没有服务区。在服务区选址时，会综合考虑周边环境、自然条件、城市分布等，设计的内容也非常广泛，包括景观、服务区舒适性及标志性等多方面的要素。

日本对于高速公路服务设施的研究非常专业和细致,《日本高速公路设计要领》至今都是很多国家在设计高速公路及附属设施时的参考。日本的高速公路服务区的设施设置非常完善,并且服务区会根据当地的自然环境和周边景观进行设计,使服务区成为高速公路上的景点。

总体来讲,在高速公路服务区的规划层面上,各个国家都依托本国的消费习惯与科技服务水平,通过与服务区规划的结合,对服务区的选址、布局形式等形成合理的设计思路,如德国重视综合楼区位的中心优势,法国偏好两侧车辆共用一个服务区,意大利突出生活服务与信息咨询功能,美国重视服务区与自然环境的结合等。这些先进的规划经验,对我国服务区规划有很好的借鉴和指导作用。

2.1.3 安徽省内服务区的规划经验

自安徽省首条高速公路合宁高速公路于 1991 年 4 月建成通车以来,经过 30 多年的发展,安徽省高速公路建设取得了较大的进步,极大地推动了经济的发展和区域的交流沟通。安徽省高速公路通车里程在“十三五”末达到 5200 千米,实现县县通高速目标,服务区、停车区数量达 300 对以上。这就需要在建设高速公路时,充分考虑相关配套设施的修建和布局,统一规划建设,以实现协调绿色发展。另外,高速公路建设需要投入大量的人力、物力,而且是长久性巨大的投入,这就要求在进行高速公路服务区规划时,应当充分考虑运营期的需求,形成科学合理、符合当地区域特色、切实可行的高速公路服务区的规划设计方法,同时形成较为完善的投资运行计划。在土地资源利用、社会经济资源的规划方面,要借鉴国内外先进、成功的经验,力求满足高速公路驾乘人员不断增加的服务需求,将服务区由传统的被动服务式向主动服务式转变。

目前,安徽省根据高速公路服务区所在路段车流量及周边区域经济情况等,将服务区分为中心服务区、普通服务区与停车区三类。其中,等级最高的中心服务区规模最大、服务人数最多,与其他中心服务区间的间距也较远，选址一般位于车流量大、区域条件优越的区域；普通服务区一般布置在相距较远的中心服务区之间，作为服务功能的补充，相比于中心服务区，其服务功能更简单直接；停车区的规模较小，一般设置于车流量较小的路段，布点也相对紧密，用于提供最基本的高速公路服务功能。

合安高速作为安徽省内较早投入使用的高速线路，也是当前交通流量较大的线路之一，其沿线布设了丰乐服务区、陈埠服务区、香铺服务区三处服务区。其中，丰乐服务区作为中心服务区，往来车流量最大，驾乘人员的停留数量也最多，因此在丰乐服务区的改造中，通过更高档的商业业态、更便捷的停车服务、更智慧的标识系统，着重提升了服务区的服务容量与服务质量。陈埠服务区与香铺服务区在现阶段仍维持普通服务区的规划定位，对丰乐服务区的功能起到补充的作用。安徽省根据不同等级服务区的功能划分，配置了相应设施，见表 2－1 和表 2－2 所列。

表 2－1　安徽省高速公路服务区设施配置情况

<table>
<tr><th colspan="3">功能名称</th><th>中心服务区</th><th>普通服务区</th></tr>
<tr><td colspan="2" rowspan="9">车辆服务功能</td><td>停车场</td><td>▲</td><td>▲</td></tr>
<tr><td>无障碍停车位</td><td>▲</td><td>▲</td></tr>
<tr><td>特殊车辆专用停车位</td><td>▲</td><td>▲</td></tr>
<tr><td>充电桩停车位</td><td>▲</td><td>▲</td></tr>
<tr><td>标识标线</td><td>▲</td><td>▲</td></tr>
<tr><td>场区安保设施</td><td>▲</td><td>▲</td></tr>
<tr><td>机修服务</td><td>▲</td><td>▲</td></tr>
<tr><td>供水、加水、洗车</td><td>▲</td><td>▲</td></tr>
<tr><td>场区监控设施</td><td>▲</td><td>▲</td></tr>
<tr><td rowspan="6">人员服务功能</td><td rowspan="6">公共厕所</td><td>公共卫生间</td><td>▲</td><td>▲</td></tr>
<tr><td>司机淋浴室</td><td>▲</td><td>▲</td></tr>
<tr><td>无障碍卫生间（第三卫生间）</td><td>▲</td><td>▲</td></tr>
<tr><td>卫生间管理室</td><td>▲</td><td>▲</td></tr>
<tr><td>开水间</td><td>▲</td><td>▲</td></tr>
<tr><td>泡面区</td><td>▲</td><td>▲</td></tr>
</table>

（续表）

功能名称			中心服务区	普通服务区
人员服务功能	餐饮	快餐厅	▲	▲
		后堂	▲	▲
		驿家小厨	▲	▲
		包厢	▲	▲
		主力店	▲	△
		特色美食	▲	▲
	购物	特产商铺	▲	△
		便利店	▲	▲
		便利店仓库	▲	▲
		调节仓	▲	▲
	公共服务	卡车司机之家	△	▲
		室内外休息区	▲	▲
		青年之家	▲	△
		旅游咨询台	▲	▲
		室内儿童游戏区	▲	△
		室外儿童游戏区	▲	△
		医疗救助	△	—
		母婴室	▲	▲
	住宿	客房	▲	▲
		前台	▲	▲
		胶囊旅馆	▲	▲
		员工休息室	▲	▲
		洗衣房	▲	▲
	办公	办公室	▲	▲
		会议室	▲	▲
		存储间	▲	▲
配套服务功能		设备房	▲	▲
		垃圾房	▲	▲
		晾衣房	△	△
		污水处理系统	▲	▲
		雨水回收系统	▲	▲

（续表）

功能名称		中心服务区	普通服务区
拓展服务功能	人文历史自然物产展示	▲	—
	仓储、物流服务	△	—
	特色农副产品展销	▲	▲
	房车自驾营地	△	—
	露营营地	△	—
	主题景观公园	▲	△
	城乡公共交通中转站	—	—
	旅游集散中心	△	—
	开放式服务区	△	—
“▲”为应设项目，“△”为宜设项目，“—”为不要求			

表 2－2　安徽省高速公路服务区各功能区面积配置情况　单位：平方米

功能名称				中心服务区（单侧）面积配比	普通服务区（单侧）面积配比
建筑设施	服务用房	公共卫生间	公共卫生间	＞650（具体面积根据车流量测算）	550
			司机淋浴室		
			无障碍卫生间（第三卫生间）		
			卫生间管理室		
			开水间		
			泡面区		
		购物功能	特产商铺	160（不少于 4 间）	80（2 间）
			便利店	300	150
			调节仓	30	30
			便利店仓库	100	100
		配套服务功能	母婴室	20	20
			卡车司机之家	30	—
		餐饮功能	快餐厅	400	400
			后堂	200	200
			驿家小厨	100	100
			包厢	100（2 间）	100（2 间）
			主力店	300	—
			特色餐饮	200	140

（续表）

功能名称				中心服务区（单侧）面积配比	普通服务区（单侧）面积配比
建筑设施	服务用房	公共空间	青年之家	40	30
			公共休息区	60	40
			儿童游戏区	15	—
			公共展示空间	40	—
			公共交通空间	30	150
			门厅	80	60
			咨询服务台	20	20
		酒店功能	客房	180（6 间）	180（6 间）
			胶囊旅馆	80	60
		办公功能	办公室	180（6 间）	180（6 间）
			会议室	80	80
			存储间	20	20
	辅助用房功能		设备房	根据实际需求测算	根据实际需求测算
			机修间	200	200
			员工宿舍	500（双侧共 20 间）	375（双侧共 15 间）
			垃圾房	30	30
			加油站	390	270
			加气站	—	—
			晾衣房	30	30
拓展功能			根据方案酌情考虑		—
合计				5165	3995
备注	1. 具体各功能可根据实际需求上下浮动 20%； 2. 宿舍与客房均布置成标准间形式，可互相转换； 3. 设计依据《高速公路交通工程及沿线设施设计通用规范》（JTG D80—2006）				

2.2　服务区定位与选址

服务区的总体定位作为服务区设计建设的第一步，在整个设计建设流程中占有重要的地位。科学合理的规划和定位，是充分发挥服务区的服务功能、取得更好的社会效益和经济效益的前提条件。在此基础上进行合理的选址，不但要考虑节约造价、便于管理，而且如果能够结合公路沿线的自然地理、风景名胜、历史文脉等进行设计，则在提升服务区品质、丰富服务区文化内涵的同时，又能够使服务区成为人们认知高速公路和沿线城市最直观的窗口。

2.2.1 服务区选址的影响因素

高速公路服务区的选址受到多方面限制因素的影响，如气候、水文、地质、交通条件、周边土地价值等。以下分别从不同因素的角度分析安徽省在服务区规划设计实践过程中考虑的主要内容。

1. 地质、地形条件

地质、地形条件在很大程度上会影响服务区建设的造价，所以是选址的重要依据。对于地质条件差、地形复杂的服务区选址，无疑将增加基础处理难度，增加投资。另外，高填深挖大规模平整场地既破坏生态，容易造成水土流失，又会消耗大量能源。

2. 交通技术条件

按交通技术条件合理选定服务区位置，也就是要从公路主线的线形关系考虑，从视野和服务区出入安全方面来衡量位置选择是否恰当。应避免将服务区设置在主线的小半径曲线路段或陡坡路段，避免设置在竖曲线的凹处，以免影响服务区视线，以及影响车辆顺利驶入、驶出服务区。同时，服务区的选址应便于设置明显的进出引导标志，尤其应注意满足线路上其他设施和引导标志间的间距要求。

3. 供水水源

作为服务区的供水水源，既要有充足的水量，又要有可靠的水质。一处水源是否可用，往往在很大程度上取决于水质条件。安徽省北部的服务区，由于受到水文地质条件的限制，往往水量、水质两个基本条件都不能满足要求，给服务区的管理运营带来了极大困难，不但增加了服务区建设造价，而且直接影响了服务区的人居环境质量。水源选择会直接制约服务区的选址。

4. 生态环境保护

服务区的布置既要充分考虑长远利益，保证服务区建设和经营管理持续、快速、稳步发展，又不可忽略对生态环境的影响。在自然保护区、风景名胜区等生态敏感区，从交通需求上讲虽然也有建设服务区的必要性，但涉及对生态环境保护的要求，故应无条件坚持生态保护优先，避免在这些区域内建设服务区。此外，在一些较为偏僻的荒野设立服务区，可以结合当地地貌风景，从建筑场地造型和景观绿化方面营造有特色的新景点，筑起一道亮丽的风景线，从而满足人们的猎奇心理，吸引驾乘人员前往。

水环境和声环境保护也是服务区建设中应重点关注的问题。服务区污水排放会对周边水体造成一定污染，因此选址时应避开饮用水水源地保护区、受保护的水体区域。由于服务区过往车辆、人员停留较多，所以选址时应尽量避开声环境敏感目标较集中的区域，尤其是在人口居住比较密集的地区，选址时应充分考虑与声环境保护目标的距离，避免对其造成干扰。

2.2.2 服务区规划选址优化

1. 土地资源节约

我国土地资源紧缺，尤其是耕地更是稀缺，但占用土地并非会使其完全失去利用价值。服务区建设合理用地，不仅要考虑土地资源利用总量的节约，还应从优化土地保有量和调整土地增量结构两个方面来提高土地的利用效率。面对土地资源有限和建设用地需求之间的矛盾，应改变对土地占有和开发的认识，从而有效提高土地资源利用效率的高度，合理安排服务区建设，实现对土地的占用、利用到再开发的良性循环。

某些服务区建设中存在“重建设，轻节约”的用地倾向，缺乏对土地资源的必要保护，导致浪费严重。例如，建设标准与交通需求不一致，无谓地增加了土地的占用量；为降低施工难度和投资金额，道路选线穿越大量平整的耕地；缺少必要的取土控制措施，导致大量土地被挖废等。其中，占用耕地较多是目前部分服务区建设中存在的主要问题。

安徽省北部地区土地资源紧缺，南部地区又存在大量的生态红线严控区，因此，服务区选址应多利用荒山、荒坡地、废弃地等，尽量不占或少占耕地，避免对原始地形地貌进行大规模的填挖方，减少对高价值土地的占用。在技术可行、经济合理、满足运营管理要求的条件下，服务区与收费、监控通信、养护、交警检查站等站所同址合建也是节约土地资源的好方法。一方面，可减少征地过程中烦琐的手续，合理优化使用土地，节约建设资金；另一方面，可以通过集聚人气，带动相关物流发展，促进城镇市场形成。

在进行互通立交设计时，考虑到高速公路上大型车辆的行驶安全性，会选择较为平缓的平曲线，所以不论是单喇叭互通还是双喇叭互通，都会在转弯区域留下较大的空间，常见的做法是在互通立交的圆曲线内进行景观设计。而某处互通立交合建服务区平面图如图 2－1 所示，在该互通立交位置布设一处服务区，恰好能满足前后服务区间距要求。将互通立交与服务区合建，一方面，避免了服务区另行征地，可节约用地；另一方面，提升了服务区周边乡镇的人气，也能够促进相关产业的发展。

2. 适应地形灵活选址

服务区选址不宜拘泥于常规的采用大片平坦用地的梯形布置形式，而应根据地形地貌、周边环境、与公路主线的位置关系等，灵活采用主线双侧分离对称式、主线双侧分离非对称式、主线单侧集中式等方式及依地势梯级布局、远离主线布置等形式。通过不同的用地组织形式，围绕服务区周边的各类特色资源，打造有个性的服务区。

从交通发展的角度出发，在确定服务区的用地面积、范围以及位置时，要考虑公路今后可能的拓宽和设施的扩建，因此必须要选择留有扩建余地的地点，以便服务区能得到相应发展。

深渡服务区设计方案效果图如图 2－2 所示，选址位于安徽省黄山

图 2-1　某处互通立交合建服务区平面图

图 2-2　深渡服务区设计方案效果图

市，高速公路沿线风景优美，周边地形以丘陵为主。因此，设计方案利用多级台地，将服务区用地本身丘陵地形的土方分层消解，同时借助服务区区位接近新安江山水画廊的优势，将服务区三面环水的景观优势体现得淋漓尽致。同时，在服务区内留有能够自由进出服务区的景观步道，为今后服务区的交旅融合设计提供拓展的可能。另外，通过类似互通立交设计的匝道将高速公路主线与服务区本身的高差化解，能够给往来旅客带来完全不同的服务区体验享受。

沙溪服务区改扩建方案效果图如图 2－3 所示。沙溪服务区背靠群山，场地内高差较大，为避免场地平整带来的巨大土方量处理问题，采用了台地形式进行场地规整。通过三级台阶将场地内的交通连接，在服务区场地内解决了土方平衡的问题；同时，利用场地内存在的高差，进行高低错落的服务区建筑设计，提高了空间趣味性和景观效果。

图 2－3　沙溪服务区改扩建方案效果图

3. 彰显地域特色

地域特色包括自然特色与社会特色，自然特色是指自然形成的环境景观特色，是本地区长期以来固有的自然风光，如山、水、各种动植物等；

社会特色是在社会层面上形成的人文方面的特色，如本地区的风俗习惯、人文景观、社会制度、宗教信仰、民间工艺等。地域特色具有鲜明的地域特征，不同的国家和地区都有自己独特的地域特色，即使在同一个国家，不同的自然地理环境、人文因素及历史发展进程也会形成不同的地域特色。

随着经济的发展和人们物质生活水平的提高，越来越多的人更加关心精神层面的文化建设。因此对于服务区而言，应更加重视在设计和规划过程中结合地域特色多元化发展，以提升服务区的形象。

比如，可将服务区的景观环境设计与周边的旅游资源结合，使服务区成为展示一方地域特色的载体。九华山服务区大门如图 2－4 所示，该服务区是安徽省服务区与地方旅游景观特色结合的典型案例。

图 2－4　九华山服务区大门

铜黄高速九华山服务区位于九华山脚下，其优越的地理位置对促进九华山旅游业的发展起到了传输纽带作用。九华山服务区注重结合九华山风景区的地域特色，在原本的服务区基础服务功能之外，增加了与九华山景区结合的旅游服务功能。比如，服务区内旅游形象店邀请各景点的专职讲解员为旅客进行讲解，在服务区广场设置旅游咨询点，高峰期向旅客免费发放旅游景区资料。旅游形象店和咨询点除了能为自驾旅游者提供导航帮助，还能为旅客提供预订酒店、设计旅游路线等多方面的服务。把周边各旅游景点门票销售延伸至服务区，以服务区为中心，整合资源，形成新的旅游线路，让服务区成为各景点旅客的集散地。今后，依托九华山景区，还可通过开发特色旅游线路串珠成链、串珠成片，将九华山服务区打造成与独特的九华山佛教文化相融合的特色旅游服务区，以带动整个服务区的发展，改变服务区传统的经营发展模式。

2.3 服务区用地布局

2.3.1 早期服务区用地存在的问题

我国早期的高速公路服务区设计遵循《公路工程技术标准》(JTJ 001—97)，该标准只是原则性地规定了服务区应根据交通量大小、路段长度、沿线景观、地形条件选择适当的地点设置，并合理确定服务区的功能和规模。由于缺乏系统的服务区设计规范，早期建设的服务区存在一些问题，如服务区用地粗放、大幅变动场地土方、服务功能种类不完善等。

随后颁布的《公路工程技术标准》(JTG 801—2003)中对服务区设置做了进一步的规定，包括服务区的平均间距宜为 50 千米，并明确服务区应该提供停车场、公共厕所、加油站、车辆修理所、餐饮与小卖部等设施。但是，对具体的服务区规划布局、设施技术标准以及设计方法等都没有明确。服务区在征地选址以及规划设计阶段考虑得不够全面，给后续使用和管理带来了困难。

2.3.2 服务区用地的布局形式

服务区的停车场、综合楼和加油站等主要设施布设位置灵活多样，根据这些设施间的位置关系，服务区布局可分为分离式外向型、分离式内向型、分离式平行型、分离式综合楼单侧集中型、内外并用型、分离式综合楼上跨型、单侧集中外向型、中央集中型等。

1. 服务区灵活布局

(1)分离式和集中式

按停车场的位置不同,服务区布局分为分离式和集中式,如图 2-5 所示。

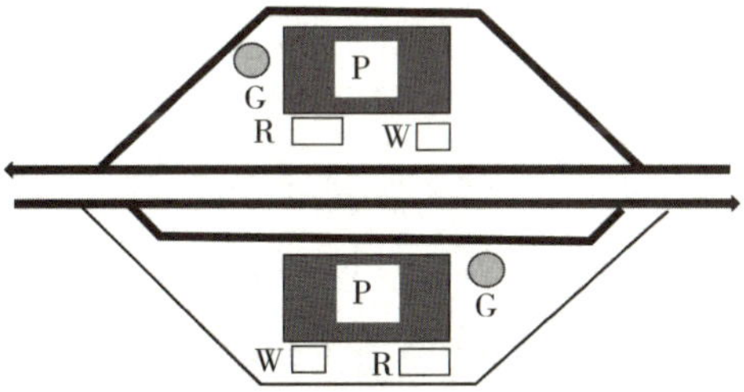

(a) 分离式

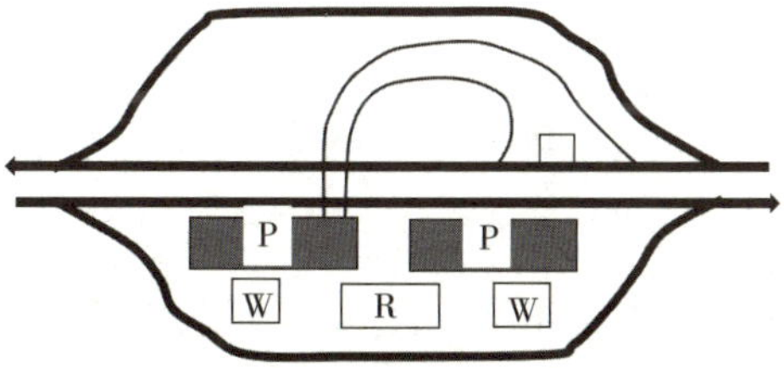

(b) 集中式

图 2-5　按停车场位置划分服务区布局形式

分离式:上、下行车道停车场分别布置在高速公路两侧。

集中式:上、下行车道停车场集中布置在高速公路一侧。集中式服务区占地较小,服务设施集中设置也可降低管理成本。

高速公路上、下行车道中间有中央分隔带,两侧行驶的车辆都要使用停车场,所以分离式停车场更便于停车,车辆可直接开到停车场,不必绕到对面停车场。同时,在收费的高速公路上采用分离式停车场,还可以防止驾驶员互相交换通行卡和收费票证等现象的发生。所以,高速公路通常都采用分离式停车场。

与分离式布局相比,集中式布局的优势包括:当服务区用地单侧条件受限时,可以扩大用地相对不紧张的另一侧规模,满足服务区服务需求;同时,集中式布局可以集中人流、车流,有利于服务区集聚商业业态,提供更优质的服务。

(2)外向型、内向型和平行型

按综合楼的位置不同,服务区布局分为外向型、内向型和平行型,如

图 2 - 6 所示。

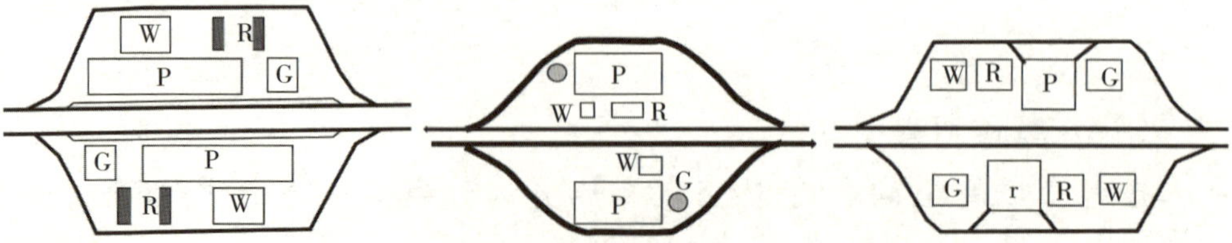

（a）外向型　　（b）内向型　　（c）平行型

图 2 - 6　按综合楼位置划分服务区布局形式

外向型：在综合楼和高速公路之间布置停车场、加油站等其他服务设施。这种布置适用于外侧有较开阔的田原、山野、森林等风景秀丽的景观的服务区，旅客在综合楼用餐的同时，可以欣赏窗外美丽的景色，消除旅途的疲劳。

内向型：综合楼与高速公路相邻，综合楼的另一侧布置停车场和加油站等其他服务设施。这种布置适用于周围环境比较封闭，旅客无法向外远眺的服务区，如深挖地段或四周为乡镇街道等。

平行型：餐厅、停车场和加油站等服务设施都与高速公路相邻，沿高速公路方向做长条形布置。这种布置方式适用于地势狭长的地段和山区。

外向型服务区便于停车，且旅客进入综合楼后可避开嘈杂的汽车声干扰，有利于在安静的环境中得到较好的休息。同时，餐厅因离高速公路较远，有花台、树木等绿化带的隔离，减少了扬尘污染，因而一般多采取外向型服务区的方案，只有在地形条件受到限制时，才考虑内向型和平行型的方案。

（3）入口型和出口型

按加油站的位置不同，服务区布局分为入口型和出口型，如图 2 - 7 所示。

入口型：加油站布置在服务区的入口处，车辆一进入服务区就可以加油。从交通管理方面看，车辆在高速公路上行驶，进入服务区最重要

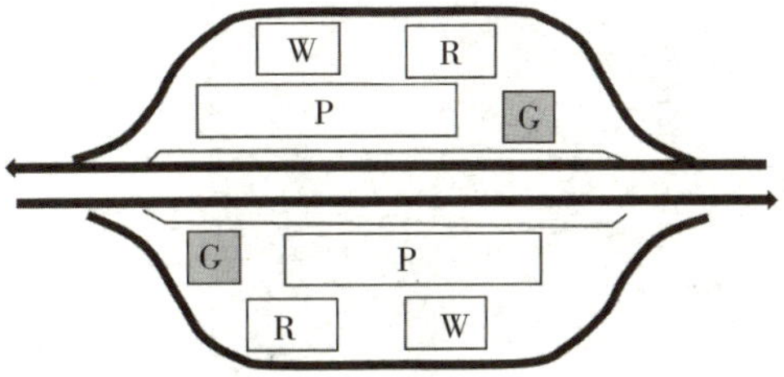

（a）入口型

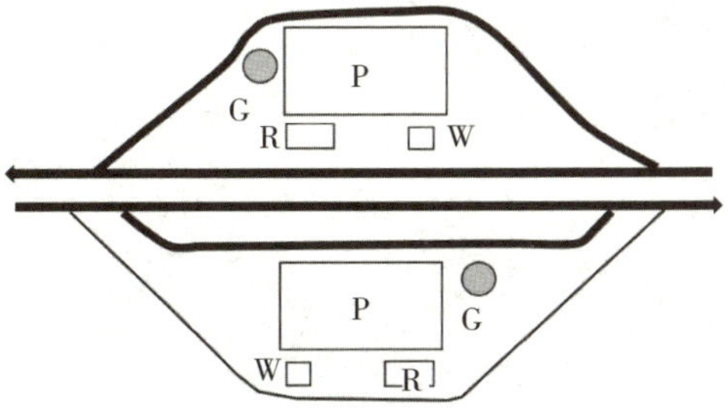

（b）出口型

图 2－7　按加油站位置划分服务区布局形式

的需求就是加油和检修。加油站布置在入口处，很容易被看见，对于加油站营业来说也能起到广告的作用。但是，当加油车辆较多时，车辆在服务区入口排队，会妨碍匝道上车辆的行驶。

出口型：加油站布置在服务区的出口处，车辆在休息后驶出服务区时再加油。这种形式使驾驶员有充分的时间考虑车辆是否需要加油，可以在设施出口处再检查一次。但是采用这种形式，要考虑驾驶员从停车场向前就能看到加油站，或采用贯穿车道方式将驾驶员妥善引导到加油站，以方便不使用休息厅、餐厅、厕所的车辆能直接前往加油站加油。

百花谷服务区是一个单侧集中式服务区布局的案例，如图 2－8 所示。该服务区距离城市建成区较近，高速公路的北侧是一片已建成并投入使用的工业区，若征地则拆迁代价大；同时，紧邻南侧服务区的就是城市百花谷公园，风景优美、景色宜人。因此，服务区在南侧集中布局。这种布局方式将综合楼整合设置，共用一套辅助用房及相关配套设施，不仅节约了用地，还通过整合资源积聚了人流。单侧布局最大限度地利用了用地南侧的良好景观优势，通过匝道将高速的人流引入服务区，再通过服务区内的游客集散中心将来自百花谷公园的市区人流与来自高速的人流集聚起来，形成能够让游客进出服务区观光游览的旅游中心，极大提升了服务区的经营效益。

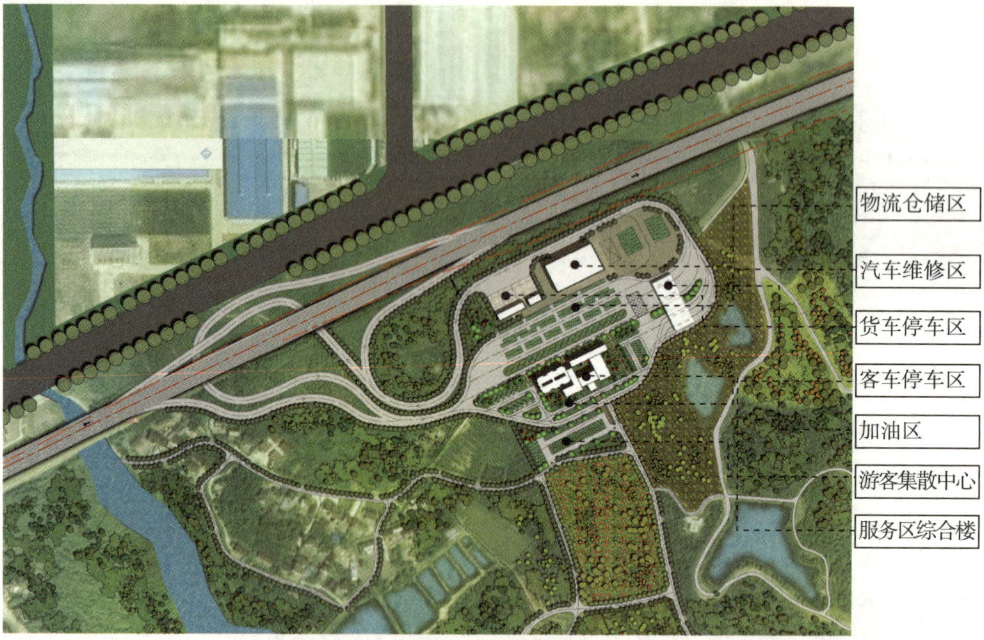

图 2-8　百花谷服务区总平面图

2. 服务区用地选型

影响服务区土地利用经济性的因素，除了用地布局形式外，用地本身的选型也非常重要。形状合理的用地，可以增加更多的可利用面积，避免因用地过于不规则导致难以利用的场地面积比例增加。

(1)用地形状

安徽省服务区用地的形状，除了因场地限制形成的不规则的形状外，绝大多数用地形状为规则的梯形或方形。

梯形用地的服务区场地靠近道路主线侧较长，远离主线侧较短，服务区两侧边易形成符合高速公路车辆转弯角度的边界，坡度平缓、线形优美，利于高速行驶的车辆快速进入服务区内部。但是，服务区用地远离主线侧较短的长度，会影响服务区内部功能区的布置，建筑布局形式也较为不规则。

方形用地的服务区，用地形状方正，便于停车组织与建筑布置。但是，方形用地入口与出口处转弯半径难以保证，同时出入口附近的用地也较难被利用，容易造成浪费。

（2）场地进深

即使服务区用地面积大致相同，由于场地进深的不同，用地形状也会呈现不同的特点。服务区的总用地面积一般是确定的，用地的进深和长度便形成了相互约束的两个条件。服务区的长度影响的是服务区沿主线方向的展示面，当长度过长时，进入服务区内的车辆行车流线过长，会导致交通面积过大，停车位数量不足；同时，驾乘人员下车后，前往综合楼的人行流线也会过长，造成使用上的不便。

服务区的进深影响的是服务区垂直主线方向的宽度。当服务区进深过深时，梯形用地远离服务区主线则会由于两侧斜边的收缩导致长度过短，形成无法利用的空间；方形用地则会导致服务区用地太深，综合楼距离主线较远，不能很好地宣传展示。

（3）不规则用地

在实际的服务区项目设计中，除了方形与梯形用地外，也经常会出现受地形或征地限制形成的不规则用地。当受限于基本农田或其他用地因素时，应首先保证服务区最基本的停车、加油、服务（如简餐、如厕等）等功能不受影响。因地制宜，可以集中布置建筑，为停车场提供更多空间；也可以将整块的建筑功能打散，分散利用零碎的土地；另外，对于因场地不规则而形成的一些难以被利用的区域，可以考虑合理设置其功能，常见的做法包括设置景观游园、附属功能用房，作为员工的临时停车区域，布置污水处理或雨水回收设施、加油站埋地油罐等。通过以上措施，尽可能化解不规则用地带来的使用上的不便，甚至可以将劣势转化为特色与优势。

此外，服务区设置还要保证场地内的道路宽度适宜、坡度平缓、线形流畅、经济合理，这就要求选择长宽比例适宜的代征用地。在设计中不仅要遵循普遍规律，还要因地制宜考虑特殊性要求。

例如，位于蚌埠市怀远县与宿州市埇桥区交界处的京台高速君王服务区，是安徽省早期建设的高速公路服务区，最初的卫星照片如图 2 - 9 所示。设计未能充分考虑到进出匝道位置对服务区内功能布局的影响，匝道直接接入服务区广场中心，造成了服务区两侧用地的极大浪费，如图 2 - 10 所示。

图 2-9　君王服务区卫星照片

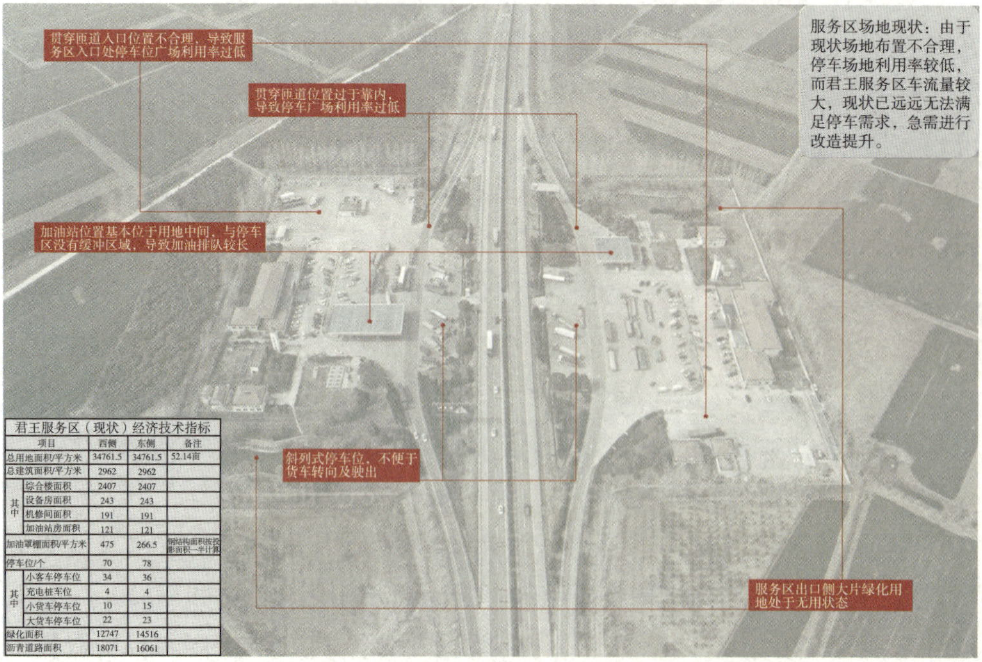

君王服务区（现状）经济技术指标

项目		西侧	东侧	备注
总用地面积/平方米		34761.5	34761.5	52.14亩
总建筑面积/平方米		2962	2962	
其中	综合楼面积	2407	2407	
	设备房面积	243	243	
	机修间面积	191	191	
	加油站房面积	121	121	
加油罩棚面积/平方米		475	266.5	钢结构面积按投影面积一半计算
停车位/个		70	78	
其中	小客车停车位	34	36	
	充电桩车位	4	4	
	小货车停车位	10	15	
	大货车停车位	22	23	
绿化面积		12747	14516	
沥青道路面积		18071	16061	

图 2-10　君王服务区现状及存在的问题

在近期的服务区改造计划中，将君王服务区的匝道位置进行了调整，并重新梳理了广场空间，如图 2－11 所示。改造后东侧停车位数量由 78 个增加至 141 个，西侧由 70 个增加至 168 个，实现了在扩征服务区用地困难的情况下，高效利用现有土地、提升服务功能与品质的目标。

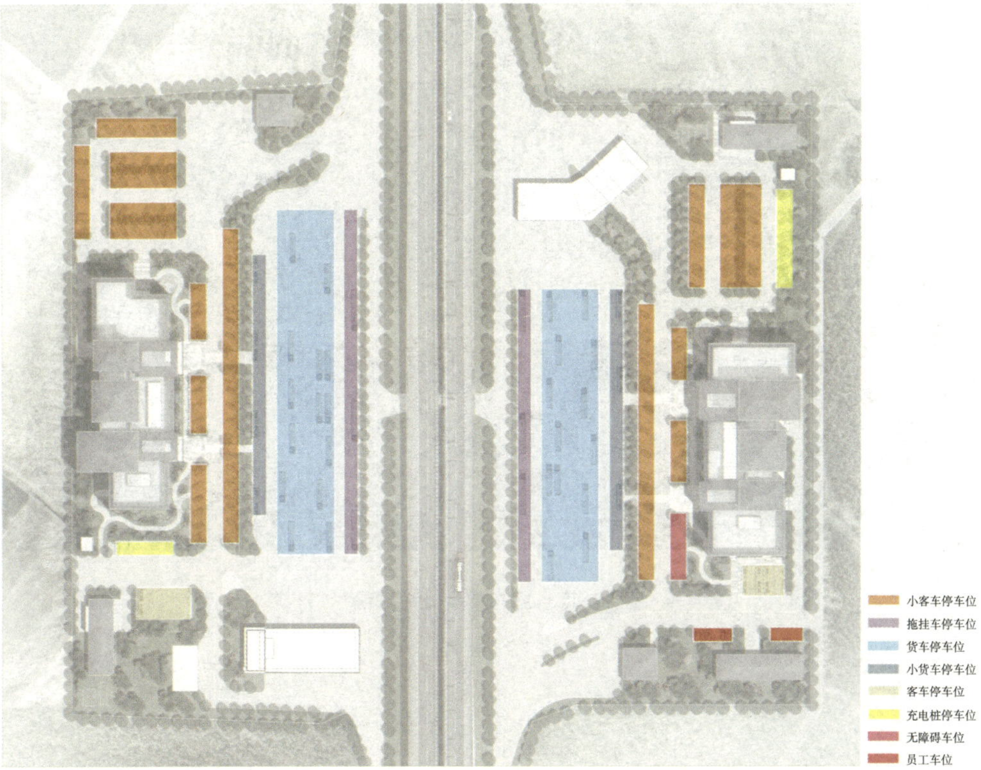

图 2－11　改造梳理后的君王服务区

又如，位于合肥市肥东县境内的合宁高速肥东服务区，其平面图如图 2－12 所示，征地受到东西两侧基本农田与城市建成区的限制，导致征地进深较深，如采用常见的后置式布局，则会造成货车停车区域与综合楼区域流线过长，不利于往来货车司机与乘客享受服务区的服务功能。通过采用合理的中置式布局，对客车、货车、综合楼、加油站等功能区统筹规划布局，充分利用了进深较深的服务区用地特点，减少了停车区域与综合楼区域的流线长度，将不同的功能动线分开，这样既提升了服务水平与安全性，又优化了服务区景观。

图 2－12　肥东服务区平面图

第3章　服务区场地规划

上一章围绕服务区规划层面，从选址、定位及用地布局方面介绍了服务区设计的首要任务。本章将进一步介绍在服务区规划用地确定后，如何进行具体的场内各个功能区的规划布设与交通组织设计。

3.1　功能区布设

3.1.1　功能区分类

高速公路服务区根据功能需要一般由六个部分组成：①牵引匝道；②停车场；③司机、旅客休息区，含餐饮、购物、住宿、休息厅、厕所；④车辆维修，含维修车间和修车广场；⑤加油，含油库、加油大棚、站房人流活动修理间；⑥人流活动休闲广场。这六大功能又可以概括为人员服务功能区、停车服务功能区和辅助服务功能区三大片区，如图3-1所示。以下我们结合设计实践，对如何优化各功能区域的设计进行介绍。

3.1.2　人员服务功能区及其设计

人员服务功能区包括卫生间、餐饮、购物、休息厅等服务设施，休息区的服务设施应连成整体。旅客进入休息区，各项服务设施都可一览无余，从而最大限度地增加商业效应。

在进行综合楼区域的功能规划时，需要充分考虑服务半径，避免由停车区前往综合楼的流线过长，由此带来使用上的不便。尤其是当服务区的用地受外界条件限制，形状较为狭长时，需要合理布置综合楼各个功能区域的位置，必要时通过对公共卫生间等使用频率较高的功能进行

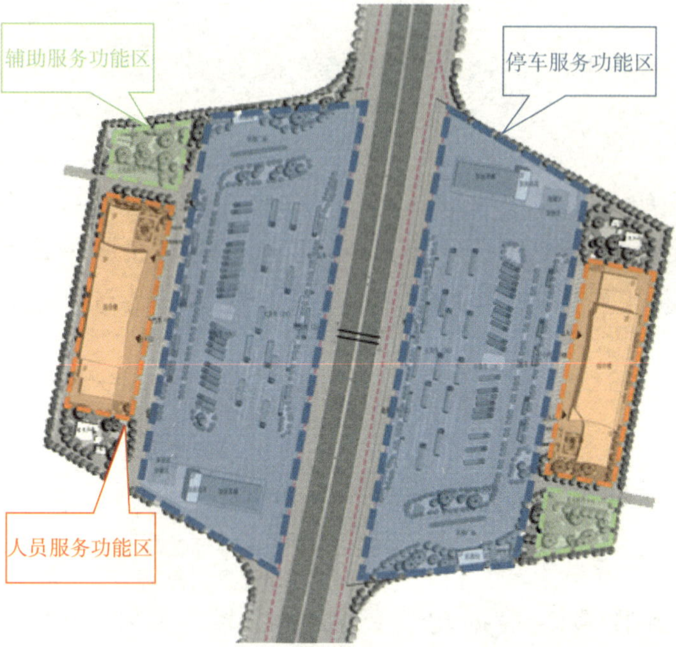

图 3 - 1　高速公路服务区三大片区组成示意图

分散布置，或在距离综合楼较远的区域单独设置小型服务站等方式，以提升功能区的可达性。同时，综合楼区域作为往来人流最密集的区域，除提升其直接的服务功能外，也非常有必要考虑其景观效果的提升。例如，在某高速公路服务区局部景观设计案例中，在服务区综合楼周边，利用边角土地，结合当地的文化特色设计了一处小游园，如图 3 - 2 所示。往来的旅客在进入综合楼前，可以进入其中欣赏花草，了解周边历史文脉与文化特色。这种景观化、休闲化的小游园设计，既表达了具有浓郁地方特色与文化氛围的设计主题，又给往来旅客提供了舒适的休闲环境，提升了服务区的整体服务的品质。

3.1.3　停车服务功能区及其设计

停车服务功能区是提供汽车停车并进出的场地，要适应各种类型车辆的停放和进出要求，特别是特种车辆。设计中通常将停车场分为客

图 3－2　某高速公路服务区局部景观设计

车、小轿车、货车、超长车、特种车五个区域。客车乘客数量多，接受服务较为集中，需要考虑人员密集上下车的安全性，最好能够预留专用的上下客与集散区域，同时减少客车人行流线与其他车辆流线的交叉。小轿车作为服务区最常见、数量最多的车型，驾乘人员接受综合楼服务的意愿最强烈，因此应尽量将小轿车停车区布设在综合楼周边，缩短服务流线长度。货车作为公路运输的主要载体，车辆大、自重较重、驾乘人员少，因此在规划货车的停车区域时，应注意与客车停车区分开。超长车辆相比于货车，车辆更长、自重更重，本身转弯与加、减速性能相对较差，因此考虑其停车的便利性，宜在服务区出入口处就近设置停车位，便于司机停靠休息。特种车包括牲畜运输车、危险品车等非常规车辆，牲畜运输车易产生异味和垃圾，危险品车装载的货物有较大危险性，这些都容易对其他车辆产生影响，因此特种车辆的停车区域在条件允许时，应单独设置，并宜通过绿化等方式与其他车辆保持适当的安全距离。不同类型的停车区域之间，可以采用绿岛隔离，通过种植高大乔木及灌木的方式，在对停车区域进行硬分隔的同时，也能取得美化、遮阳的效果。

某高速公路服务区停车场布局如图3－3所示，该服务区停车场借助绿化、绿岛等对驶入车辆进行引导、渠化及分隔，按客货分离原则，将小汽车、客车停车位临近综合楼布置，货车则根据车型分别引导停放在外侧，以减少不同车型间的相互干扰。

图 3－3　某高速公路服务区停车场布局

具备条件时，停车场应尽可能充分利用服务区场地，为未来停车需求增加预留容量。一些高速公路建成通车后，短期内车流量可能较小，服务区停车需求不多，但考虑到为今后的发展留有余地，也要节约集约利用土地，可一次征用、分期建设，在预留场地内可先行铺设绿地以提升景观。

3.1.4　辅助服务功能区及其设计

辅助服务功能区包括车辆修理、加油、洗车等与车辆相关的辅助设施，以及使驾乘人员放松身心的景观游憩等设施。

加油站宜设在服务区出口，加油区应方便从停车区和牵引匝道多方向来车的进出，尽量避免车辆在加油站附近小半径转弯加油。加油站商业建筑和其服务设施必须保证足够的安全距离。总体设计上应当避免将加油区域设计得过大，可将大棚设计为长条形，车位斜置，以减少占地。

服务区室外环境主要体现在主建筑门前广场、休闲广场以及服务区周边环境。环境美化以绿化为主：门前广场可以用灌木绿篱、草坪花卉、大树等形成立体交叉的绿化格局；休闲广场可以用灌木绿篱形成图案，以花卉形成色块，乔木成林，林荫树下种植草坪，适当点缀文化创意小品、喷泉、水塘、假山等，形成公园式绿化格局；服务区周边绿化可以用高大灌木形成绿篱，以高大乔木形成绿色的林带。

例如，通过在服务区入口绿化岛头处，增加一些富有周边文化特色的雕塑与景观小品，可以提升服务区标示性与景观品质，如图 3－4 所示；在服务区综合楼周围不再采用一整块无遮挡的硬质铺地，而是结合景观，可以将周边的空间设计得更富有趣味与特色，如图 3－5 所示。总之，让往来驾乘人员在进入综合楼解决功能需求之余，能在服务区内充分地休闲放松，以缓解持续驾驶带来的疲劳。

图 3－4　服务区入口绿化岛

图 3-5　服务区综合楼周边景观

3.2　交通组织

把服务区六大功能、三大区域通过交通与流线的设计和引导，合理妥当地组织起来，在保证安全性与便利性的同时，能够更多地提升趣味性与景观体验，丰富服务区内各个功能间的服务体验。

3.2.1　渠化交通设计

在进行服务区的交通组织设计时，宜按照“驶入匝道—停车—步行活动—加油(汽修或维护)—驶出匝道”的思路对交通组织进行优化设计，以减少交通冲突，提高交通效率。根据交通组织方案系统、科学、有效地进行交通标志标线设计，实现对车辆和行人的系统、连续、有效引导和控制，既为驾乘人员提供全面必要的交通信息，又能防止信息过载和误导。

停车区采用植物隔离带是利用渠化思路进行设计的一种服务区停车场案例。进入服务区的车辆通过同一条道路的不同道口进入对应的停车区域，不同停车区间采用植物隔离带分割，如图 3-6 所示。该种设计保证了各类车辆在停车时能够各行其道，避免不同种类的车辆混停，以及防止流线交叉带来的安全隐患。

图 3-6　停车区采用植物隔离带

3.2.2　停车位设计

停车场车位划线应保证交通组织的顺畅，方便车辆进出；停车场内应采用单向行驶路线，避免车流相互交叉，且宜与服务区进出口行驶方向一致，如图 3-7 所示。

3.2.3　人行流线设计

在进行服务区内的交通组织设计时，除了对往来车流应合理规划外，对驾乘人员的人行流线也应重点注意。由于高速公路服务区往来车辆车速较快，如果没有合理的人流导向设计，容易出现人车混行的情况，造成安全隐患。因此在大量人流穿行车行道的位置，如服务区综合楼主入口、大客车下客区等区域，应设置人行横道线；当车流量较大、客流人员密集时，可设置人行优先按钮式信号灯，对人流与车流进行分时分批放行，如图 3-8 所示。

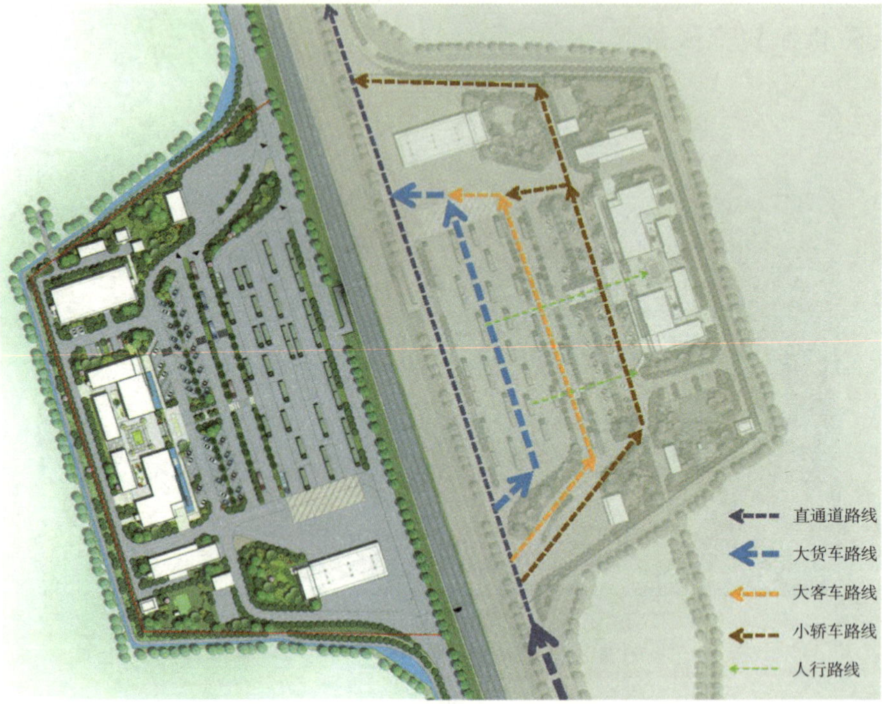

图 3-7　服务区典型停车位布局情况

图 3-8　人行横道常见设置位置

3.2.4　标识标线设计

服务区交通标线设计应考虑司乘人员的行为习惯，符合车辆行驶的轨迹要求，尽量降低车辆停行难度。在服务区入口处，应布置好组织各类车流进入对应停车区域的指示牌，便于高速行驶的车辆提前做好进入停车区域的准备，停车区域指示牌实例如图 3－9 所示。

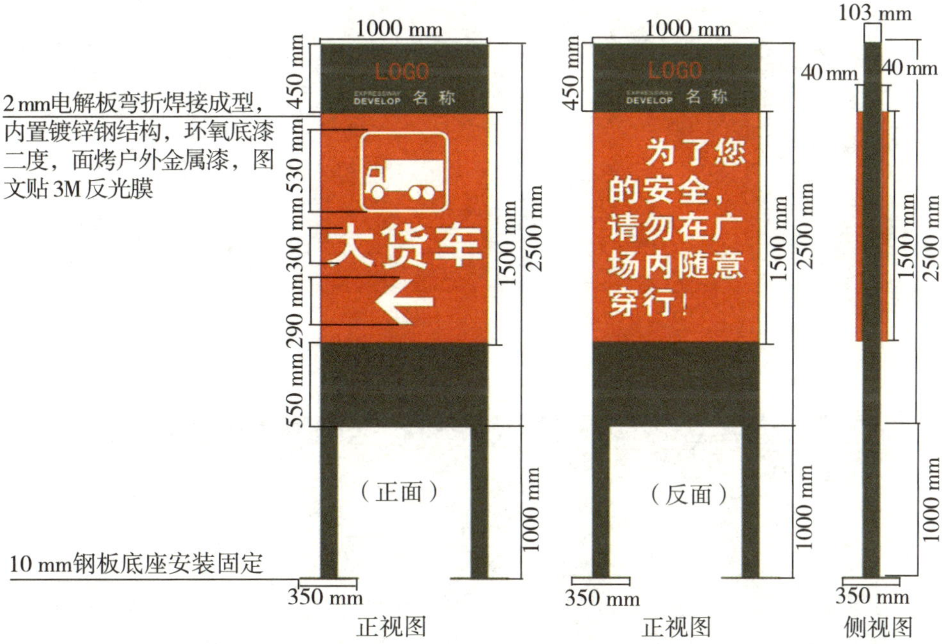

图 3－9　停车区域指示牌实例

车辆进入停车区域后，在停车位的设计上，还可以考虑采用彩色沥青等方式，以醒目地区分行车道与停车位的区域，避免因为停车位置错误而造成交通堵塞。彩色沥青停车位实例如图 3－10 所示。

除了常见的客车、货车车位外，还应考虑到人性化设计的需求，以提供周到的服务，如为残疾人提供无障碍车位，为危险品车辆提供危化品车位，为运输牲畜的车辆提供单独牲畜停车位等。无障碍停车位实例如图 3－11 所示。

图 3-10　彩色沥青停车位实例

图 3-11　无障碍停车位实例

第 4 章　服务区景观绿化

4.1　服务区景观设计特征

服务区的景观环境空间为驾乘人员提供了更为舒适、便利、人性化的交往互动场所，这种交往互动具有临时性和随机性，因此服务区景观环境空间设计要符合交往行为的规律与特征，应具备吸引人聚集、活动、交流的趋向能力，这种内在的凝聚力表现为交往空间的向心作用。在满足基本的交往行为的同时要创造多功能、多层次、多维度的交往空间，以满足多种不同的交往活动的需求。

4.1.1　层次性

服务区景观环境空间应考虑到不同层次、不同需求交往活动的可能性，尤其是大众旅游时代的到来，出行者的多样化、个性化和品质化服务需求对服务区的功能需求提出更多、更高的要求，需要服务区在满足传统如厕、停车、加油、修理等基本功能的基础上，提供更丰富的功能设施和活动空间。

从服务区的功能定位出发，其空间布局从整体到局部应形成多层次、多功能的环境空间网络，主要体现在室外的公共开敞空间、半开敞空间与相对私密空间的联系组织、建筑内部功能空间组织，以及建筑空间与外部环境的过渡衔接，以满足使用者对不同功能空间活动的需求。

4.1.2　舒适性

服务区景观环境的设计是为交往活动服务的，以“以人为本”的设计原则为指导，需要考虑人们使用时的便捷度和感受上的舒适感。服务区景观环境空间的使用功能、使用性质、规模大小、空间尺度、造型造景不尽相同，舒适度的塑造也随之不同。例如，在外部交往的中心广场要避免“中心恐惧”；在尺度偏小的交往空间，可以充分利用角落空间和边缘，角落相对安静、便于交谈。舒适宜人的交往空间还要考虑结合植物的选种和配置、雕塑的造型、铺地的材质以及图案的细部来共同塑造。

4.1.3 便捷性

为引导人们投入适当的交往活动，交往场所应位于人们活动轨迹的结点或是人流常经过的场所，与人流保持视觉连通、位置靠近、行动便及，同时不受交通干扰。例如，服务区主楼广场宜与主要的小客车停车区域有便捷的通道连接，并通过恰当的引导标识进行信息提示，便于使用者方便、快捷地到达相应的区域。

4.1.4 特色性

随着人们生活水平和生活品质的逐步提高，对出行的服务需求和服务品质要求亦越来越高，公路服务区的景观规划设计应充分考虑新时代人民群众对美好出行服务的需求，立足项目立地条件及区域乡土特色，以提供优质、便捷的服务为导向，充分考虑项目所在区域的自然、人文、生态、旅游等特征，通过恰当的景观规划设计手法对其进行凝练和表达，以营造富有地域特色、蕴含文化品位、延续历史文脉的服务区景观环境，在舒适便捷的使用过程中，为驾乘人员提供深入了解当地历史文化的平台和机会，丰富出行感受，沉淀内心感触，提升生活品质。

4.2 景观设计策略与要点

4.2.1 景观设计策略

服务区景观营造应根据不同的功能区域进行针对性的规划设计。一般情况下，驾乘人员驾驶车辆通过匝道由高速公路主线进入服务区，通过服务区内部道路抵达停车场、加油站、维修站等不同的功能分区，将车辆停放后，步行抵达综合服务楼，进行如厕、休憩、就餐、购物等一系列活动。根据驾乘人员及其驾驶车辆在服务区内的活动特征，可将服务区总体划分为场区周边绿地、主线及贯通车道两侧绿地、停车空间、服务建筑周边场地等分区，如图 4－1 所示。

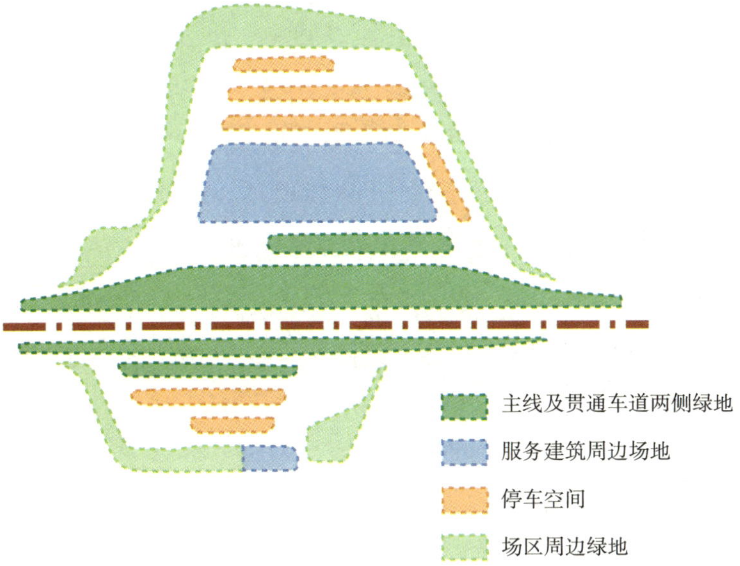

图 4－1　服务区景观分区示意图

（1）场区周边绿地。场地周边绿地主要是指将服务区与周边环境进行分割过渡的区域，该区域驾乘人员很少步行前往，可设置成维修、污水处理等功能区，同时也可作为服务区扩大经营的预留土地。

（2）主线及贯通车道两侧绿地。该空间主要是指服务区与高速公路主线之间的绿地，该区域驾乘人员很少步行前往，主要考虑主线车流对服务区内的干扰以及主线行车景观效果。在设计中通过营造微地形以及植物密植（栽植成片的色叶植物或开花乔灌木）的方式，将服务区场区与高速公路主线进行隔离，从而减少主线车流对服务区内部的干扰。

（3）停车空间。该区域主要是指为满足不同类型车辆的停车休憩需求而设置的停车区，以实现车行向人行的转化，通过绿地围合形成独立的空间，是车行空间向服务建筑周边场地的过渡空间。近年来极端天气频现，尤其是在夏季，阳光暴晒可能对车辆造成损害，甚至引起自燃。因此，在设计中，对停车场周围可通过植物密植方式进行场地围合，形成相对独立的停车空间。在植物选择方面，为减少夏季太阳暴晒对车辆的损伤，在车位间选择分支点高的大型乔木，形成树荫遮蔽停车场的效果。

（4）服务建筑周边场地。该区域主要是指服务区综合服务楼及周边的广场和绿地，是满足驾乘人员如厕、休憩、就餐、购物、获取信息等需求的集中服务区域，需要关注和解决场区内车流干扰、人流集散、文化展示、休闲娱乐、观景休憩等方面问题。对于主建筑楼前人流集散的区域，设置铺装形成开敞空间，并通过不同铺装材质、竖向变化、树阵广场等手法细化场地空间，一方面保证人流畅通，避免拥挤，另一方面通过场地分割，提供人性化的可满足不同功能需求的空间尺度。应多选植当地特有的果树、花灌木和色叶植物，以营造地域特色和休闲氛围浓郁的室外植物群落，提高景观效果。

4.2.2 景观设计要点

1. 合理利用地形地貌

服务区建设应最大程度减少对环境的扰动和破坏，从选址和规划布局阶段到各功能区域和功能单体的具体设计阶段都应遵守。

服务区选址应符合路网规划布局要求，服务区的场地布局在充分分析现场地形地貌、周边自然环境、地域文化、风景名胜、风土人情等基础上灵活确定，尽量减少大规模平整场地，充分保护场地内原有的地形地貌、自然水域、湿地和植被等。若选址为连续起伏的山地丘陵地形，宜采用依地形、地势梯级布局的形式；若主线附近有优质的、观赏性高的、具有吸引力的景观资源，则可考虑将服务区通过连接线延伸至景观资源所在区域进行融合布局，为打造自然环境优美、地域特色鲜明、体验感受丰富的服务区环境夯实基础。

服务区应进行“精细化设计”，功能布局在满足传统服务区加油、休息、如厕等基本功能的基础上，通过各功能区域的合理布设和衔接、主体建筑的地域化和艺术化设计、标识标牌的特色化创意设计、服务区外环境规划设计等措施，平衡好占地和功能的关系，通过恰当的设计提升各功能区域的利用率和服务品质。

例如京台高速公路上的呈坎服务区，该服务区自施工进场伊始，即根据项目所在场地实际情况，对场区平面定位布置进行调整，依山就势，尽量地减少了山体土石方的开挖，以场地的优势先进行整合，而后建造建筑。如图 4 - 2 所示。

图 4 - 2　依山就势的呈坎服务区

2. 充分融合周围环境

在进行服务区景观设计时，服务区的整体风貌以及各服务单体和功能空间，在风格、尺度、色彩、材质等方面都要考虑与周围环境相结合，减少对周围环境的破坏，减少人力加工的痕迹，使服务区自然地呈现在周围环境中，从而满足驾乘人员心理和生理上的舒适感，同时提高服务区使用环境的美学价值。

例如黄山至千岛湖段高速公路某服务区，地处新安江沿线玲珑湾半岛内，四面被昌源河环抱，远处高山矗立，自然风光宜人；远眺江面，服务区的外轮廓好似两条鱼儿嬉戏水中，趣味生动又寓意丰收吉祥；围绕新安江优美的水岸线，在服务区内设置亭台、廊架、游园、瞭望台等景观设施，选取意境美的乡土植物，营造四季的绿意盎然，如图 4－3 所示。

图 4－3　新安江上的某服务区

3. 重视地域文化展示

服务区的整体景观应充分展示和体现当地的历史文化，在进行服务区景观环境设计时，要充分研究当地的民风民俗、文化传承、乡土风貌等历史文化特色，并通过恰当的景观设计手法进行总结提炼和精巧表达，将当地的特色民俗文化进行充分的展示，并能够较好符合现代人的审美观念，以增加服务区的乡土气息和文化内涵。

例如绩黄高速公路上的华阳服务区，以徽派文化和徽派建筑风格为主线，建筑、园林构筑物、景观小品、室外景观等均以地域乡土的材质和柔雅素淡的色调，烘托当地浓郁的徽派文化特色，如图 4－4 所示。

图 4－4　以徽派文化和徽派建筑为主线的华阳服务区景观

4. 景观的多元化表达

随着人们对美好生活需求的日益增长，人们更愿意追求不断变化着的多样的服务区空间环境，要求服务区景观设计在空间布局、建筑形式、标识标牌、景观小品、生态绿化等方面均应向品质化、个性化和多样化方向进行转变和发展。因此，应重视服务区景观小品的设置，并从以下三方面进行考虑：(1)设置应系列化和体系化，并宜在统一的设计风格和表达形式下有规律地变化，如可采用同一材料制成，运用同一或同色系色彩、同一设计风格和演绎方式；(2)应按实际的使用需求和景观氛围，因地制宜进行布设，以充分发挥景观小品的功能效益，并且便于使用；(3)景观小品的设置位置、材质、色彩、体量、尺度、主题等应与服务区整体景观相协调，应配合建筑、道路、绿化及其他公共服务设施统筹规划设计。

4.3 景观分项设计

4.3.1 景观艺术小品

景观艺术小品是为了美化区域环境或者用于纪念而雕刻塑造的具有一定象征或者象形意义的观赏物或构造物。服务区外环境雕塑的设计，对于提高服务区的外环境空间质量以及服务区的品位均起到重要的作用。雕塑经常成为其所在场所的焦点，因此对于雕塑本身要精心设计，同时雕塑周围的环境也要符合雕塑本身需求，不适宜的背景会极大地削弱雕塑的感染力。

在对服务区雕塑进行设计时，一方面是在空间尺度上掌控，合适的体量使得设计的雕塑能够形成区域场所感，成为空间场所的焦点，但体量又不能过于大，以免尺度过大造成雕塑形态的失真以及对人的心理的压迫感；另一方面是雕塑形式的统一，特定的地域环境下应将服务区的设计与雕塑的设计理念相统一。好的雕塑作品不仅能反映特定的地理环境特征，还能够提升服务区的文化意识水平，使得服务区的设计更加具有内涵。

4.3.2 水体景观设计

水体景观并不是服务区景观设计中的必要组成部分，但是随着现代人对环境的要求越来越高，服务区在进行景观设计的同时，往往也可以结合基地环境，进行适宜的水景设计。

1. 不同形式水体的景观设计

水体通常是无固定形状的，但是由于有了水体的承载体，它在人们面前可呈现出三种不同形状的水体：点式水体、线式水体以及面式水体。这三种水体设计各有特点，在服务区景观设计中恰当地利用三种不同形状的水体进行设计，对丰富服务区的水体景观设计有着良好的效果。

点式水体包括水池、喷泉等。由于点式水体蓄水量较少，驾乘人员一般能与点式水体进行近距离的接触，能够很自然地感受到水体的气息，唤起驾乘人员的内心共鸣，由于点式水体用水量不大，且能与驾乘人员进行近距离交流，因此点式水体是一种亲近式水景。通常将点式水体设置在视线的焦点位置，如服务区基地广场中心、道路节点等，通过点式水体来带动整个服务区的空间环境质量的提升，以达到烘托整体氛围的效果。

线式水体包括河流、小溪等线状水体，曲径通幽，通过水体将分散的服务区建筑联系成为统一的整体。如我国台湾中历服务区设计有一条宽 4 米的水道流经不同的建筑两端，将服务区建筑串联成一个统一的整体，河床是用鹅卵石铺底的，水中的倒影映衬着建筑，伴随着流水，与基地环境极为协调，真正体现了“流动的花园，生态的文脉”的设计理念。

面式水体包括湖面、大的池塘等。面式水体设计对服务区用地较为苛刻，其特征决定其必须利用基地环境中原有的水体进行设计。通过光影的镜面反射，岸边的建筑、绿化景观漂浮其上，从空间上对服务区的景观进行了扩展与延伸，使服务区的景致更加完美。宁杭高速太湖服务区在选址时，选择临近太湖的区域作为基地，形成了以太湖湖面为主体的水体景观。太湖作为服务区中的水体，有着得天独厚的优势，驾乘人员坐在湖边休憩，欣赏湖水若隐若现的景色效果，岸边的绿化景观与建筑与其在湖中的倒影形成一种全新的景观形态，丰富了服务区环境景观层次。

2. 水体景观与驾乘人员的互动

水对于人们来说具有两面性：一方面它限制着人们的活动；另一方面通过设计，它又能承载人们的活动。水体景观设计主要通过布置，使人们能够近距离地接触水景。亲水活动场所的设计也是服务区景观设计中不可或缺的一部分，在服务区的广场、建筑庭院中适当地设计亲水场所能使人放松心情，愉悦身心。

3. 水体与其他景观要素的组合设计

在进行水体设计的同时，还要注意与其他要素，例如石块、植物等要素进行配合设计。在服务区水景设计中，可以采用堆砌假山、石阶驳岸、水中石凳等设计手法，增加水景设计所带来的趣味性。

在水景与植物的组合设计中，要注意选用植物的类别和其与水景的组合方式，水景与植物组合应当疏密有致、高低搭配、色彩统一互补，以此来增强景观的感染力。另外水体也可与雕塑、艺术小品、园林建筑等诸多物体进行搭配设计，多种多样元素的组合设计将极大地丰富服务区景观的层次空间，从而营造出多层次的空间环境。

4.4 绿化设计

服务区的绿化应综合考虑植物的生态效益、环境效益、景观效益和经济效益，在充分保护利用服务区场地原生植被的基础上，根据服务区所在区域的不同，综合考虑植被的抗逆性、生态性、观赏性、普及性等因素，选择适宜的植物进行合理的种植搭配，实现管养阶段的低成本维护和植被群落的主动性更替，以达到植物绿化的绿色低碳目标。

安徽地处暖温带与亚热带过渡地区，植物分布从南至北、从低海拔到高海拔均存在着差异。安徽自北向南，气温和降水量不断递增，影响植物的水平分布；皖南山区和大别山区海拔较高，也影响植物的垂直分布。在全国植被分区中，安徽省淮河以北属暖温带落叶阔叶林区域中的暖温带落叶阔叶林地带，淮河以南属亚热带常绿阔叶林区域中的北亚热带常绿、落叶阔叶混交林地带和中亚热带常绿阔叶林地带。以下根据安徽省植被分布的差异性，针对性提出进行服务区绿化的措施建议。

4.4.1　植物选择

植物种类的确定和筛选是绿化种植设计的前提和关键，在进行绿色服务区植物种类选择时应遵从以下原则：

1. 适地适树原则

所选择植物应与当地的自然植被类型相一致或经过长期驯化已能够很好适应当地气候条件且不会对当地生态环境产生威胁，不宜强行种植不适宜当地环境气候条件的植被类型。皖南和皖北分属于不同的气候带，分布的植物种类有所区别，应根据服务区所处区域的不同选择适应当地气候条件的植物。

2. 抗逆性强原则

服务区人流量、车流量集中，硬化面积大，热岛效应明显，植物生长环境较为恶劣，应选择抗病虫害、耐瘠薄及对“废水、废气、废渣”适应性强的植物，能够很好适应当地的气候、土壤等环境条件，如风沙、干旱、多雨、场地土质、水源、风向以及光照等立地条件。

3. 融合度高原则

所选择的植物从树形、叶色、花色、枝干的质感等方面均与周围环境中的植被景观相协调，从而达到舒适度高、亲切感强、认同度高的效果，以提高服务区使用的效率和质量，满足绿色低碳“低能耗、低物耗、低排放、低污染和可持续”的特征要求。

4. 生态安全原则

没有计划、大量盲目地利用外来植物进行绿化，从长远来看，不仅不能改善环境，还会对环境产生一定的破坏。在绿地建设过程中使用外来植物时，主要研究它(们)是否会危及当地乡土植物、破坏原有生态系统，而不仅仅是单纯地衡量它(们)观赏价值的高低、抗逆性的强弱以及是否适应当地气候。

5. 市场普及原则

通过对安徽地区苗圃的实地调研发现，市场开发销售、普遍运用的苗木种类较为同质，体现地域特色的苗木种类较少，对乡土植物的引种、驯化、市场开发不够充分，安徽地区典型代表的乡土植物如黄山松、麻栎、栓皮栎、油桐、小叶栎、茅栗、黄檀、大别山五针松、都枝杜鹃、安徽槭、算盘子等在市场上均没有苗源。因此，在选择绿色服务区的绿化植物种类时，需考虑所选择的乡土植物市场供应情况。

4.4.2 植物配置

服务区的绿化需要使植被群落的生态功能达到最大化，在不影响场地快捷有序使用的前提下，要求恢复和建植的植被群落具有覆盖度高、整体长势好、固碳作用强、水源涵养及水土保持功能强、物种组成丰富、与周围环境自然群落差异小等方面特征；要求遵循生态学原理，营造多层次、多结构、多功能的科学的植物群落，同时具备生态性、科学性、艺术性、文化性等特征；要求具有合理的生态结构配置，能够满足各种植物的生态要求，形成合理的时间结构、空间结构和营养结构，以达到与周围环境协调统一的效果。

因此，需要做到运用乡土植物进行乔灌草的有机结合、高中低的合理搭配，利用植物的不同生态习性，在立面上形成丰富的层次，在单位面积上有效地提高“绿量”，增加叶面积系数，从而有效改善小环境气候。为增加叶面积系数而营造复层混交群落结构的同时，还应根据不同绿地的使用功能、景观功能等需求，运用植物营造不同的空间类型，因地制宜形成疏林草地、林中空地、开阔草坪等，以满足使用者对不同活动空间的需求。

植物选择已充分考虑其抗逆性、适应性、生态性等习性，植物配置主要从使用功能、空间感知、观赏特性等人的感知和使用舒适度方面来考量。

4.4.3 不同分区绿化设计

1. 主线与贯通车道间绿化

主线与贯通车道间绿化根据使用功能可分为靠近主线一侧绿化与靠近贯通车道一侧绿化。

(1)靠近主线一侧绿化

靠近主线一侧绿化应满足高速行驶下的观景需求,以及可有效避免服务区内的活动对主线行驶造成的不利影响。因此,应选用枝干竖高、枝繁叶茂的乔木,如榉树、青檀、马尾松、黄山松、杉木、银杏、槐树、杜仲、栾树、乌桕、梓树、水杉等,合理搭配密植,同时注重林冠线的起伏变化、常绿落叶的组成比例、叶色的季相变化。

林冠线应具有优美的起伏弧线,避免形成没有章法、忽高忽低的线形起伏。以驶入速度 80～120 千米/时计,根据道路行驶心理感知“三五”原则(0.5 秒对看到的事物有初步感知,5 秒对看到的事物有清晰的感知,5 分钟对看到的事物有长时间感知,需变化景物以缓解视觉疲劳),0.5 秒行驶的长度为 11～17 米,为满足高速行驶下的观景需求,林冠线的起伏单位应大于或等于 17 米,起伏单位跨度越大,林冠线的线形越舒缓。

常绿落叶的组成比例关系到植物群落的合理性、与周边原生植被群落的相似性。根据相关调查和研究,淮河以北地区植物群落的常绿落叶比例以 3∶7 为佳,淮河以南以 5∶5 或者 4∶6 为佳。同时,在满足最大化接近所处区域环境原生植被常绿落叶比的同时,应根据绿地的使用功能合理调整常绿落叶树种比例,以满足使用功能为前提。服务区内其他功能区绿化的常绿落叶比也遵循此原则,后面不再赘述。

安徽地区很多乔木都具有明显的秋季叶色变化,应合理运用秋色叶树种,如杉木、银杏、栾树、乌桕、水杉等,以丰富四季的视觉感知,形成秋季色彩斑斓的植物景观。

(2)靠近贯通车道一侧绿化

靠近贯通车道一侧绿化应适应慢速行驶下的观景需求,以给驾乘人员温馨舒适、宾至如归的环境感知。在满足遮阴、路侧净宽等功能需求的前提下,合理运用树姿优美、叶质细腻、花色艳丽、花香迷人的植被以营造舒适安全、惬意宜人的服务区内行车环境。

遮阴与路侧净宽是相互制约的,根据《公路项目安全性评价指南》的要求,高速公路运行速度与净宽关系见表 4-1 所列。

表 4-1 运行速度与净宽关系表

运行速度/千米·时$^{-1}$	净宽/米	运行速度/千米·时$^{-1}$	净宽/米
60	3.1	100	5
70	3.7	110	5
80	4.2	120	5
90	4.7	—	—

贯通车道上的行车速度下降明显,为最大程度地确保行车安全,以90 千米/时计,预留的路侧净宽应大于或等于 4.7 米,如图 4-5 所示。路侧净宽区域内不宜栽植枝干粗壮的高大乔、灌木;若绿化空间紧张,可在离行车道稍远位置适当点缀枝条细密柔软的花灌木,如紫薇、木槿、红枫、鸡爪槭、腊梅、桂花等以亮化行车环境,打破单调线性空间;若绿化空间足够大,应预留足够的安全净宽,在净宽区域内可撒播乡土植物或适生植物的混合种子,如紫穗槐、胡枝子、沙地柏、弯叶画眉草、沟叶结缕草、麦冬等以进行地被植物的自然恢复和演化更替。

路侧净宽区域外应选用树形高大、树冠开阔的乔木,如榉树、朴树、木荷、合欢、灯台树等,在满足安全净距的前提下最大程度实现其遮阴功能;适当搭配树姿优美、叶质细腻、花色艳丽、花香迷人的花灌木,如鹅掌柴、三角枫、五角枫、合欢、白玉兰、红枫、深山含笑、日本晚樱、蜡梅、垂丝海棠、桂花、山茶、鸡爪槭等,营造舒适安全、惬意宜人的服务区内行车环境。

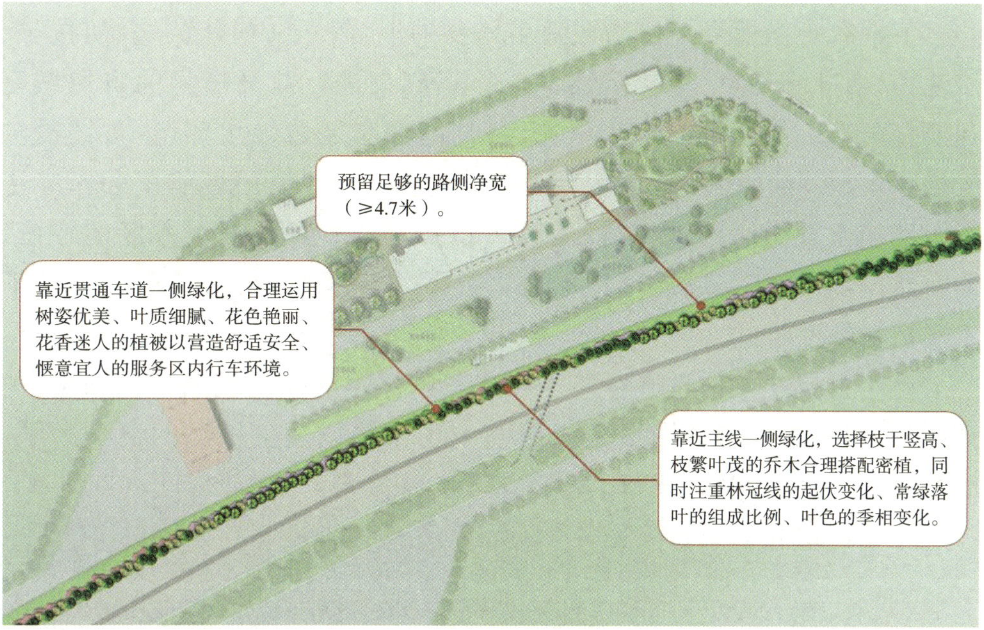

图 4－5　主线与贯通车道间绿化示意图

2. 停车区绿化

停车区的绿化主要是为了满足车辆的遮阴功能，兼具美化环境、改善生态、营造舒适小气候的功能。

上木层应选用主干高直、树冠开阔、四季常绿的乔木（如广玉兰、大叶女贞、杜英、香樟等）形成绿化的基调，搭配榉树、朴树、木荷、合欢、灯台树等树冠开阔的落叶乔木形成四季荫凉、舒畅通透的停车环境。停车区的出入口绿化区域可点缀树形、叶形以及花色醒目或花香怡人的植物（如三角枫、五角枫、紫叶李、红枫、桂花等）以进行功能划分和提示。

中木层（人平视视线所及范围）可根据用地范围大小灵活设计。若绿化用地宽度小于 3 米，可省略中木层，给上木层保留足够大的生长空间，并形成简约、透畅的停车空间；若绿化用地宽度大于或等于 3 米，可栽植耐修剪、抗性强的花灌木（如大叶黄杨、海桐、洒金桃叶珊瑚、十大功劳、栀子花等），并适当搭配叶色叶形、花色花香突出的花灌木（如红叶石楠、丰花月季、杜鹃、紫叶小檗、火棘、锦带花等），提亮中木层植被色彩，丰富植被景观。

下木层可撒播乡土植物或适生植物的混合种子(如紫穗槐、胡枝子、沙地柏、弯叶画眉草、沟叶结缕草、麦冬等)以进行地被植物的自然恢复和演化更替。如若希望营造单纯、整洁的停车区域绿化环境,可铺设狗牙根草皮、多年生黑麦草草皮或白三叶草皮等,这也是目前服务区绿化下木层的常规做法,后期需投入较大精力管养。可根据服务区的定位、所在路网的等级、与周边环境的协调性等方面综合考虑,选用适当的下木层植被恢复方式。

停车区域建议铺设嵌草砖以实现有限停车空间的最大程度绿化,提高绿化面积和绿量,在嵌草砖内撒播乡土植物或适生植物的混合种子,如弯叶画眉草、沟叶结缕草、麦冬、多年生黑麦草等。

停车区绿化示意图如图 4－6 所示。

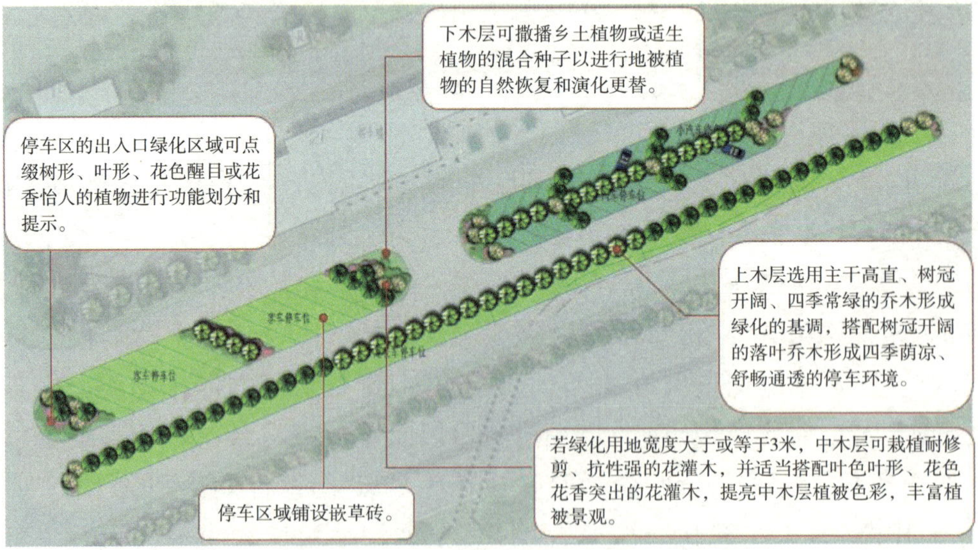

图 4－6　停车区绿化示意图

3. 主楼广场绿化

服务区的主楼广场绿化主要是为了满足集散功能,实现人在停车区空间与主楼内各个功能空间的自由转换。主楼广场绿化应能区分广场空间与行车空间，为使用者提供短暂的林下休憩空间，烘托建筑物氛围。

因此，主楼广场绿化应在靠近广场前行车道位置栽植树干通直、树冠开阔、树形优美、花叶醒目的花灌木，如红枫、白玉兰、桂花、深山含笑、日本晚樱、垂丝海棠等以衬托建筑、划分空间、柔化硬质广场空间。

应重视并做好建筑旁的基础种植。考虑到建筑主立面观赏性、通透性、营业宣传等需求，可栽植高度适宜、叶质细腻、花色悦目、花香怡人的花灌木，如丰花月季、栀子花、火棘、锦带花、红叶石楠、连翘等；建筑侧立面一般朝东侧和西侧，西侧可栽植爬山虎、络石、常春藤等进行墙面的立体绿化，以有效减少西侧太阳直晒对室内空间造成的不利影响，东、西侧基础种植可于建筑转角处点缀几株枝干通直的乔木，如马尾松、杉木、银杏、白玉兰、水杉等以柔化建筑转角处的生硬感，其余部位可结合建筑室内营业空间和开窗的位置疏密结合、错落有致栽植花灌木，实现室外柔化建筑立面、室内美化使用空间、室内空间借景室外空间的功能；建筑背立面人流集散相对较少，主要包括在建筑背面停车的人员（位于建筑背面的停车位相对较少）和在主楼内经商的上下货人员，可疏密结合、复合有层次栽植植物以提高服务区内绿地的三维绿色生物量。

若主楼广场空间允许，考虑到国内小长假期间服务区人流爆满、服务设施与人员需求严重不符的现状，可于广场内适当位置设置树阵广场，室内营业空间不足时广场内摆设座椅以疏导用餐人员，亦可为使用人员提供多种用餐环境的选择。树阵广场可选择树冠开阔、树形优美、花叶靓丽的乔木，如合欢、广玉兰、榉树、鹅掌楸、朴树、香樟等。

4. 休闲绿地绿化

休闲绿地是绿色低碳服务区不可或缺的功能区，可为使用者提供缓解疲惫、放松身心、愉悦心情的好去处。休闲绿地的绿化应根据功能分区有针对性地进行配置。功能完备的休闲绿地一般包括外围绿化、集中活动区域绿化、休闲区域绿化三大部分。

外围绿化主要用来遮挡周边的人流、车流对绿地的干扰，为休闲绿地创造一个闹中取静的相对幽静的环境。因此，应选用枝繁叶茂、视效舒美的植被，如合理搭配栽植榉树、乌桕、合欢、槐树、杜仲、栾树、垂丝海棠、深山含笑、山茶、日本晚樱、蜡梅、桂花、红枫等乔木、灌木，形成疏密有致、层次丰富的植物生态挡墙。

集中活动区域主要提供供多人共同活动的开阔空间，绿化主要用来点缀环境和柔化大面积硬质铺装的生硬感。因此，应选用树形、叶形、花色、花香俱佳的“精品树种”，如对鹅掌楸、三角枫、合欢、银杏、垂丝海棠、红枫、桂花、山茶等进行合理配置。配置形式应根据集中活动区域设置的活动场地种类和形式进行选择。

休闲区域主要提供给使用者一个幽静的放松身心的去处，应注重对私密空间的营造。绿化可根据具体的功能空间设置所在区域乡土或适生植物，有针对性地进行配置，以营造私密感强、僻静优美、安全舒适的休闲空间。休闲区域绿化率相对最高，人的活动参与强度相对较低，植被生长条件较好，因此，可最大程度接近甚至契合项目所在区域典型植被群落类型，通过建植初期的适当养护和干预，实现后期植被的低成本养护、维护和自我更替。

5. 外围绿化

服务区外围绿化第一任务是恢复服务区在削山或平地过程中产生的裸露边坡。边坡的植被生态修复应在固坡（综合权衡，选用生态型护坡形式）的基础上，综合建植地周围环境条件，包括地形坡度、土壤土质、水分条件及周围群落植被类型等，结合安徽地区较好的固坡植物，如紫穗槐、胡枝子、刺槐、紫花苜蓿、盐肤木、沙地柏、白三叶、多年生黑麦草、狗牙根、弯叶画眉草、麦冬、沟叶结缕草、高羊茅等，综合考虑进行固坡植物的选择和搭配。搭配时应采用1～2种建群木本、1～2种伴生木本以及1种先锋草种，原则上不以单一草本植物建群。紫穗槐、胡枝子、刺槐、紫花苜蓿、狗牙根、弯叶画眉草、沟叶结缕草为建群种，盐肤木、沙地柏为伴生种，白三叶、多年生黑麦草、高羊茅为先锋草种。

服务区外围绿化的第二任务是通过合理的植物选择和搭配方式形成与周边环境融合协调的整体，同时亦为服务区营造舒适宜人的内部活动空间。因此，需要根据服务区外围环境类型和特征，结合项目区域气候特征、项目定位、远期规划等，选择相适宜的外围绿化树种和搭配模式。通常，若服务区外围为山体、河流、农田、草地等景观效果较佳的绿化空间，外围绿化应选择乡土和适生的乔灌草植物进行疏密有致搭配，将服务区外围优质的绿化景观通过疏朗的绿化配置借景至服务区内，将服务区内由于功能布局需要适当遮蔽的区域通过致密的绿化配置进行绿墙式隔断；若服务区外围为城镇、工厂等不良景观空间，外围绿化应选用枝繁叶茂、叶片厚实的乔木、灌木，如将青檀、梓树、香樟、大叶女贞、广玉兰、杜英、槐树等进行密植，以有效阻挡外围不良景观对服务区活动的影响，同时搭配观赏效果较好的植物，如白玉兰、杉木、银杏、乌桕、三角枫、五角枫、红枫、垂丝海棠、桂花、山茶、鸡爪槭等乔木和花灌木，以实现绿色屏障之下有景可观、有花可赏、有香可嗅的目的。外围绿化示意图如图 4－7 所示。

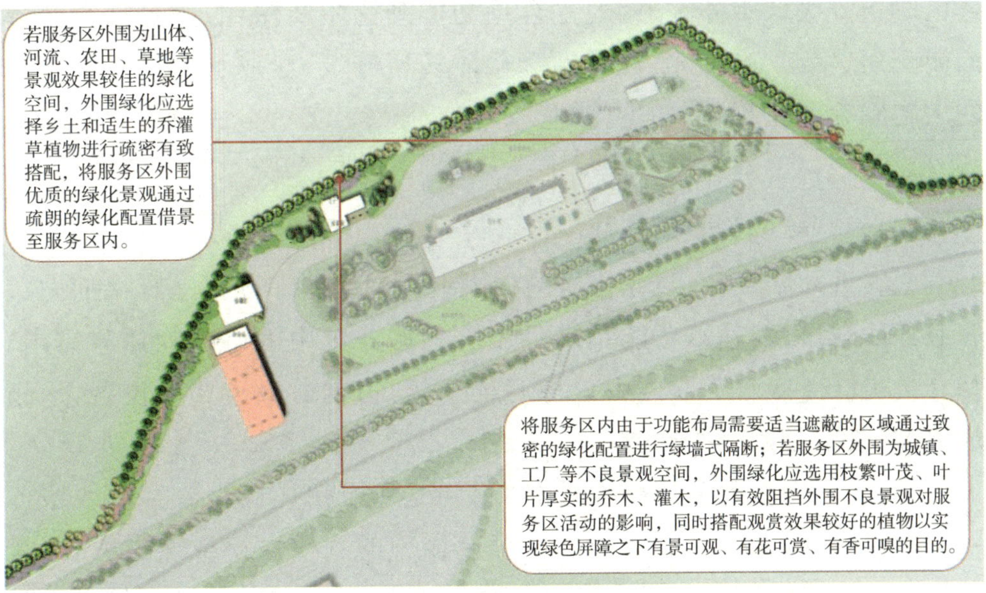

图 4－7　外围绿化示意图

第5章　服务区建筑

5.1　服务区建筑的基本功能

服务区建筑通常包括集中提供主要服务的建筑和分散提供各项配套附属服务的建筑，分别分布于场地规划功能分区中的综合楼区域和辅助功能区域，并与周围环境密切联系，形成有机的功能整体，为人们提供相应的服务。

早期服务区建筑功能单一、品质不高，仅能发挥为车加油及行人如厕、住宿、餐饮等基础功能。近年来，随着交通行业大力推进高速公路服务区改造升级，"服务区＋"的复合型功能理念不断深化，服务区建筑逐渐向交通、生态、旅游、消费等复合功能转型升级，建成了一批各具特色的主题服务区建筑。

5.1.1　综合楼的基本功能

旅客进入服务区，与综合楼的接触最为频繁。综合楼是直接面向旅客服务的窗口，其基本功能是满足旅客在服务区中的一系列休憩需求。综合楼是服务区建筑群体中最核心的建筑，占据着最重要的位置，承担最关键、最综合的服务功能。

第一，车辆在高速公路上长时间行驶，如厕往往成为旅客进入服务区的首要原因。因此，公共厕所在综合楼中的规模大小虽然受人、车流量或服务区设置间距等因素影响而有所变化，但却是必不可少的一项基本功能组成部分。

第二，为满足旅客的就餐需求，提供餐饮服务也往往成为综合楼配备的基本功能之一。餐饮功能区综合性较强，包含就餐区与后厨区两部分，并且随着时代的发展，餐饮功能在形式上也更加多样化，从早期的快餐式到自助式，再到小吃商铺的出现和连锁店、主力店模式的兴起，餐饮功能区的规模和品质不断得到提升。服务区餐饮功能典型形式如图 5－1 所示。

图 5－1　服务区餐饮功能典型形式

随着市场经济的繁荣，便利店逐步扩展形成了种类丰富的商业模式，由最初以面包、泡面、饼干等简易果腹食品为主要供应内容的便利店，衍化成商品齐全的超市，如图 5－2 所示。还有一些服务区引入了地方特产专卖店，商业成为综合楼又一项重要的功能构成。

第三，服务区作为驾乘人员在高速公路旅途上的驿站，提供住宿服务也是其功能之一。服务区通常只需要为旅客提供一夜的住宿，因而综合楼的住宿功能区规模并不需要太大，但住宿功能区却为服务区满足旅客需求的功能完整性和使用舒适性提供了切实的保障。

第四，服务区需要配备经营管理人员以保障各项功能的良好运营，综合楼需要相应提供办公功能区以满足这些人员的办公场所需求。综合楼办公区除了要包含一般行政办公需要的办公、会议等功能外，还需

图 5－2　服务区超市

要结合高速公路的运营特性，设置相关的路段监控等功能。

第五，上述各项功能均需要通过适宜的交通组织将其联系起来。将建筑的各个功能组成部分整合成系统整体，是交通功能在建筑中的重要体现。

综上所述，服务区综合楼的基本功能区可概括为公厕、餐饮、商业、住宿和办公五大板块，以及使之有机联系的交通功能区。当然，伴随着服务区区位的差别和时间的推移，这些基本功能在构成上不会一成不变，可能出现某项功能独大，或者某项功能消失的现象。另外，随着新时期“服务区＋”的复合型功能理念的不断深化，服务区将融入更多符合各方面需求的新功能。

5.1.2　附属建筑的基本功能

服务区除综合楼以外的其他建筑即为附属建筑，多为分散的小型建筑，各自为其针对性的功能区域提供服务。首先，为保证服务区的供电与供水正常，需设置设备房，设备房由承载电气功能的发电间和高、低压配电间，以及承载给排水功能的泵房和水池组成。其次，服务区还需要为异常车辆提供检修的场所，也就是机修间，机修间通常由承载主要修理作业的修理间和为其直接服务的工具间，以及为修理作业人员提供的办公室、休息室和卫生间等组成。再次，就是为车辆提供加油服务而设置的加油站，加油站由为人服务的加油站房和为车服务的加油罩棚组成。其中，加油站房包含对外的营业厅、对内的办公室和活动室，以及辅助的设备间、工具间和卫生间。最后，服务区还需要设置单独的垃圾房、晾衣房等。这些附属建筑一般根据场区的具体规划灵活布局。

在实践中，对于服务区建筑各项功能的优化，往往集中于建筑节能与服务提升两个方面。

5.2　建筑形式布局

对于建筑形式布局需要予以合理地组织。针对不同的建设条件，从地形、地质、气候等不同的角度进行考量，建筑的形式布局有着灵活的应对方式，总体上可以划分为集中式与分散式两种类型。同时，针对具体的采光、通风、卫生、安全、经济等各个方面还有特定的要求。

5.2.1　集中式布局

一般情况下，当服务区建设用地较为紧张，或者整体布局给建筑留下的施展空间受到限制时，建筑的形式布局往往会选择集中式。如若地区小气候对建筑布局较为不利，从节能的角度考虑，集中式布局也是较为合理的选择。另外，对于等级不高、功能设施为基础配备标准的普通服务区，由于各项指标均较小，通常也会做紧凑型的集中式布局。某服务区建筑集中式布局方案图如图 5 - 3 所示。

建筑集中式布局的优势主要在于其形体系数相对较小，对节能更为有利，即同等规模的建筑，集中式布局与室外空气直接接触的建筑外表面积与其所包围的体积的比值较小，从而能耗损失也相对较小。同时，集中式布局可缩短能源供应输送距离，由于布局紧凑，更容易达到冷热源机房位于或靠近冷热负荷中心位置集中设置的要求。集中式布局通过采取相适应的建筑节能措施，能够达到较为理想的绿色建筑优化效果。

图 5－3　某服务区建筑集中式布局方案图

但是，体形系数不仅影响外围护结构的传热损失，还与建筑造型、平面布局、采光通风等紧密相关。体形系数过小，可能会制约建筑师的创造性，造成建筑造型呆板、平面布局困难的后果，甚至损害建筑功能。因此，需要综合考虑多方面的要求，合理控制形体系数取值。

5.2.2　分散式布局

一般情况下，当服务区建设用地较为宽裕，或者整体布局给建筑留下的施展空间较大时，建筑的形式布局往往会选择分散式。若用地内部地形条件比较复杂，又或是外部地貌环境比较有特色，从灵活性的角度考虑，分散式布局也是较为有利的选择。

另外，对于等级和功能设施配备标准较高的一些重点服务区，由于各项指标均较大，相关品质标准随之提升，更要求功能分区明确、联系方便，并按主、次，内、外，闹、静等关系合理安排，使之各得其所，因而通常选择适应性强、处理起来更为多变的分散式布局。某服务区建筑分散式布局方案图如图 5 - 4 所示。

图 5 - 4　某服务区建筑分散式布局方案图

建筑选择分散式布局的优势主要在于此时建筑的自然采光、通风条件较容易需求能得到满足。同时建筑形体的错落布置，会形成室内外环境交融的效果，能够很好地提升建筑空间氛围。

分散式布局为建筑的服务提升提供了便利的条件，通过灵活的建筑布局，营造丰富、优质的各种功能空间，为服务品质的优化提供了积极的硬件支持。

5.2.3 其他布局要求

无论是集中式还是分散式，在建筑布局中还存在一些需要共同遵守的绿色建筑布局原则。在采光方面，建筑的主朝向宜选择本地区最佳朝向或适宜朝向，且宜避开冬季主导风向，还宜充分利用自然采光，结合围护结构保温隔热和遮阳措施，降低建筑的用能要求。我国各地区主要房间适宜朝向如图 5－5 所示。

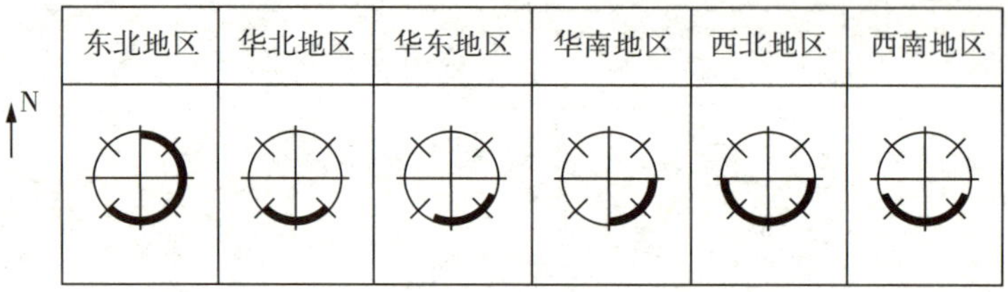

图 5－5 我国各地区主要房间适宜朝向(粗线部分为适宜方向)

在通风方面，建筑的布局宜结合地区气候特征，宜考虑炎热时组织自然通风，寒冷时防寒、保温和防风沙。在卫生方面，建筑的布局宜洁污分区、动静分区，并注意避免视线、通风、人员流线等其他因素造成的相互干扰，无论是在生理卫生还是心理卫生上，都为人们营造良好的使用环境。在安全方面，建筑的布局宜合理安排公共与私密空间，明确划分对外开放空间与内部使用空间，从使用上保障各个功能空间的安全性，提高使用效率。在经济方面，建筑的布局宜利于节能、节地、节水、节材等，鼓励通过尽可能廉价的措施达到更优的综合能效控制目标。

5.3　建筑空间绿色组织

建筑的各项基本功能在形式布局的统筹下，在具体实践中便落实成了建筑的空间。建筑空间是为了满足人们生产或生活的需要，运用各种建筑主要要素与形式所构成的内部空间与外部空间的统称，它包括墙、地面、屋顶、门窗等围成建筑的内部空间，以及建筑物与周围环境中的树木、山峦、水面、街道、广场等形成建筑的外部空间。在服务区建筑空间的打造方面，围绕建筑节能形成了一些基本的组织原则与方式。

5.3.1　被动式优先

建筑节能技术大体上可以归纳为被动式与主动式两大部分。被动式建筑节能技术，是指以非机械电气设备干预手段实现建筑能耗降低的节能技术，具体指在建筑规划设计中通过对建筑朝向的合理布置、遮阳的设置、建筑围护结构的保温隔热技术的使用、有利于自然通风的建筑开口设计等实现建筑需要的采暖、空调、通风等能耗降低的目标。主动式建筑节能技术，则指在通过机械设备干预手段为建筑提供采暖、空调、通风等舒适环境控制的建筑设备工程技术中，以优化的设备系统设计、高效的设备选用实现节能的技术。

在建筑节能设计中，被动式和主动式两大技术是密切联系、相辅相成的。但是，通常主动式建筑节能技术对设备和技术的要求较高，一次性投资较大，在使用过程中还需要消耗能源。因此，应在不使用设备的情况下，优先采用被动式建筑节能技术，打造环境品质相对优良的建筑；往往只有在环境恶劣、被动式节能技术措施达不到建筑使用要求的时候，才进一步选择主动式节能技术作为辅助和补充手段应用在建筑节能设计之中。服务区建设实践中，在被动式建筑节能技术的运用方面形成了一些典型的空间处理方式。

1. 门斗

门斗为附设于建筑出入口处的一个过渡与缓冲空间，源自北方民居为抵御冬季严寒所产生的智慧结晶，最初主要起到分隔、挡风和御寒的作用。随着建筑暖通空调技术的普及，在炎炎夏日，门斗同样也可起到有效抵御室外热浪入侵室内的作用。

在服务区综合楼设计中采用门斗设计，无论是对冬日采暖还是夏日制冷设备运行效率的提高，都提供了良好条件，有利于服务区综合楼的节能运营。服务区综合楼门斗如图 5－6 所示。

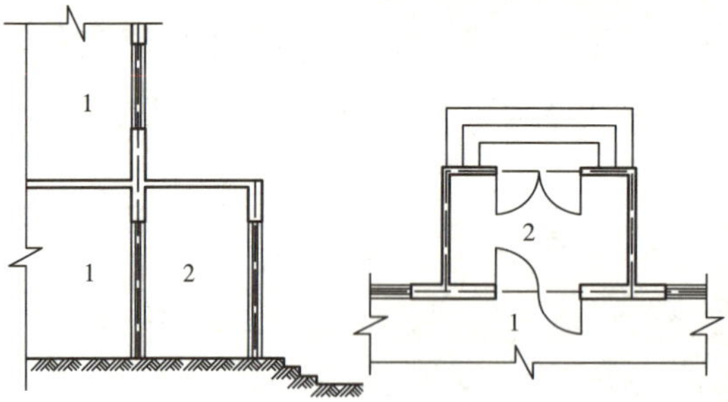

1—室内；2—门斗。

（a）示意图

（b）实景图

图 5－6　服务区综合楼门斗

2. 外遮阳连廊

目前许多服务区的综合楼已经采用了市面上推广应用较为成熟的节能材料和节能门窗等，形成保温隔热性能较好的维护结构。同时，为应对天气的阴晴变化，不少服务区综合楼在出入口处设置了外遮阳连廊，这既形成了停车场地与建筑之间柔和的过渡与缓冲功能区域，又不失为一项效果明显的建筑节能措施。服务区综合楼外遮阳连廊如图 5－7 所示。

图 5－7　服务区综合楼外遮阳连廊

3. 内庭院

由于服务区综合楼的功能具有在形体上要求集中又在使用上要求分散的特殊性质，在建筑功能组合设计中引入内庭院功能，往往能较好地解决这一矛盾。以新桥服务区为例，如图 5－8 所示，在其原始设计中将餐饮与购物等商业区域综合设置，布局紧凑，空间形体方正集中，利于节能。同时，通过内庭院和景观区域将卫生间适当的分离，既保障了洁污分区，又为使用空间争取到了良好的采光与通风环境。另外，在之后的改扩建设计中，该功能分区及平面布局形式还为满足不断提高的使用要求提供了充分的扩展空间。新桥服务区综合楼如图 5－9 所示。

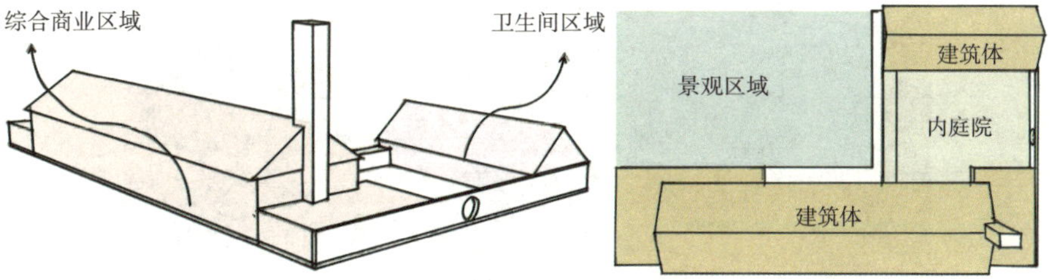

图 5－8　新桥服务区功能布局示意图

图 5－9　新桥服务区综合楼

4. 带天窗的大厅

由于使用功能对空间形态有决定性影响，服务区综合楼往往需要大进深的空间形态来满足餐厅、商业等大面积集合型使用功能的需求，造成部分室内空间即便在白天也需要通过人工照明来满足使用空间对光照的要求。

在陈埠服务区综合楼大厅空间的设计中，设计者引入了天窗采光的设计，既节省了白天的照明用电量，又使得其整体空间环境品质得到了提升，如图 5-10 所示。

图 5-10　陈埠服务区综合楼大厅

在龙门寺服务区综合楼大厅空间的设计中，设计者进一步将天窗进行优化，增加了可开启的调节功能，在充分引入天然光线的同时还有效地引导了自然通风，形成更为绿色节能的空间效果，如图 5-11 所示。

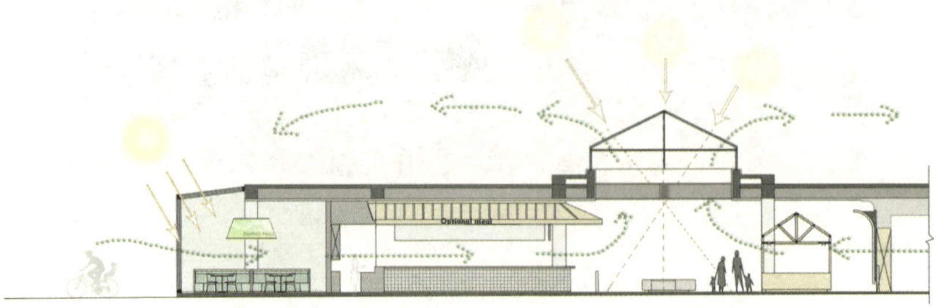

图 5-11　龙门寺服务区综合楼带天窗的大厅设计方案图

5.3.2　一体化设计

随着建筑节能技术的推广与推进，出于简化施工程序、减少材料损耗的考虑，设计者在早期直接附加节能材料方式的基础上，逐步提出了节能设计一体化的思路。

一方面，从能源利用的角度，鼓励结合太阳能、风能利用或者绿化等设施一体化设计。目前服务区中运用最普遍的便是太阳能一体化设计的小车停车棚，直接将太阳能光伏板作为停车棚的顶棚，其在为小车停车遮阳的同时，还能进行太阳能的转换与储存，有效地将清洁、免费的太阳能充分地利用起来，如图 5－12 所示。

另一方面，从装饰装修的角度，鼓励外部采用保温装饰一体化材料，内部采用土建工程与装修一体化设计方案。

图 5－12　服务区太阳能光伏板小车停车棚

5.3.3　其他原则与方式

在材料选用方面，服务区建筑节能提倡采用可再利用或再循环的建筑材料。在满足使用性能要求和对人体无害的基本前提下，尽可能推广用新工艺、新技术生产的高品质绿色建筑材料。

在结构体系方面，服务区建筑节能提倡采用装配式结构体系。用预制构件、部品部件在工地装配成建筑的方式，全面推进设计标准化、生产工厂化、施工装配化、装修一体化和管理信息化，以达到建筑节能的系统化效果。此外，随着服务区绿色建筑实践的不断深入，还将有更多的技术措施助力于建筑节能的深入与完善。

5.4 建筑空间功能拓展

随着服务区建筑空间绿色升级设计理念的不断深化，加之国家相关政策的持续引导，在实现建筑节能的前提下，服务区建筑日益重视服务提升。通过服务品质的更新升级与创新转化，从而吸引更多的客源流量，拉动更大的消费需求，以推动精品化、特色化的服务区良性发展态势。

5.4.1 基于基本功能的绿色探索

服务区综合楼的基本功能区可概括为公厕、餐饮、商业、住宿和办公五大板块，以及使之有机联系的交通功能区。针对这些基本功能板块进行绿色升级，在服务区项目实践中积累经验，可为后续服务区建设所借鉴。

1. 公厕功能区块的绿色升级

(1)第三卫生间

对于特殊群体的关爱是服务提升的重要努力方向，服务区综合楼内为满足各类需要照顾人群的如厕需求，设置了第三卫生间。第三卫生间全面设置无障碍和儿童专用的卫生设施，通过合理的配置与适当的尺度控制，切实为特殊群体提供了便利，如图 5 - 13 所示。

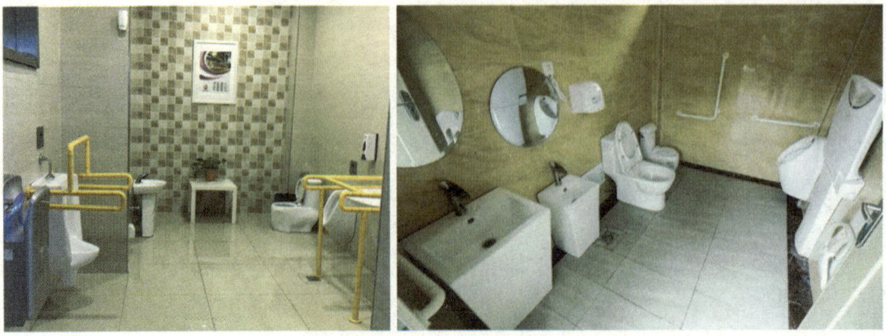

图 5 - 13　某服务区综合楼第三卫生间

(2)潮汐厕位

服务区的运营很大程度依托高速公路上的交通流量,而交通流量常呈现出很大的波动性,特别是在节假日,往往出现服务区公共厕所爆满的现象,尤其是女厕所,排长队的情况相信许多人都遇到过。但是,若是以这一时期的交通量作为厕所规模设置的依据,虽然特殊时期的问题得到了解决,但是在平日使用时厕位会有很大程度的闲置与浪费。

在服务区综合楼的设计中,对这样的矛盾进行了探索,其中潮汐厕位的设计思路不失为一条较为新颖且适用的解决途径。在优化男女厕位配比的基础上,通过设置潮汐厕位,即在空间格局之中设置可以根据具体情况便利调节的设施,达到灵活的空间划分变化,从而有效缓解特殊时期的使用需求,如图5-14所示。

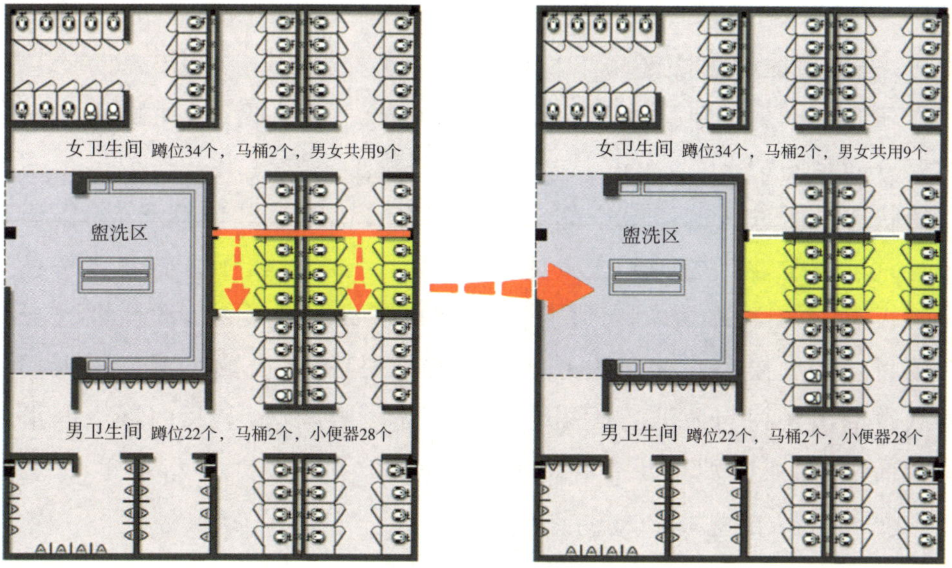

图5-14 潮汐厕位示意图

(3)智能化厕位引导系统

服务区综合楼公共厕所厕位在规模和使用上的私密性特质,常常会让旅客在找寻厕位的时候不太方便。由此,设计中正尝试引入智能化的厕位引导系统,利于促进服务的精细化,如图5-15所示。

图 5－15　智能化厕位引导系统

(4)景观休闲盥洗区

随着生产力的迅猛发展,人们生活水平的迅速提高,在物质生活得到充分满足的情况下,人们对文化生活的需求越发突出并呈现出丰富多样的状态。服务区的建筑空间需要为旅客提供能够缓解疲惫,并富于趣味与意味的个性化场所。在具体设计中,可结合地域环境与文化特色进行积极有益的尝试,龙门寺服务区的改扩建设计过程中,设计者充分结合项目地域气候环境和周边万亩桃园的景观特色,设置了可以供人们惬意欣赏的由桃树与荷池巧妙组合的景观休闲盥洗室,令其内部空间形象脱颖而出,给人以别具匠心的怡人印象,如图 5－16 所示。

2. 餐饮功能区块的绿色升级

从目前的发展态势来看,服务区原有的普通快餐式功能已经远远不能满足人们日渐提升的消费需求,餐饮功能的升级潮已悄然来临。不少服务区已经开始与民营餐饮企业深度合作,而不少知名餐饮品牌也早已嗅到商机,提前进行了布局,有些企业更是初步尝到了甜头。如麦当劳、肯德基、德克士、永和大王、老乡鸡等企业,纷纷入驻服务区,全面提升了服务区餐饮服务的档次与水平,如图 5－17 所示。

图 5－16　龙门寺服务区综合楼景观休闲盥洗室设计方案图

图 5－17　新桥服务区麦当劳

3. 商业功能区块的绿色升级

随着商业功能的日益繁盛，业态的有机结合对服务区综合楼的建筑功能组合提出了更高的要求，简单的小超市与小商铺的布局已无法满足服务区商业发展与服务品质提升的需求，更合理、更新颖的商业功能形式呼之欲出。

商业街的模式，在不少服务区的内部功能改造之中已初具雏形。如梅山服务区，借由通往端头公共厕所的走道两侧布列各式各样的售卖店铺，形成“消费之路”，如图 5－18 所示，这种做法还可以在许多类似的服务区中见到。在目前的对于服务区综合楼设计的探索中，也有着试图打造氛围更为浓郁的风情商业街的积极尝试，如图 5－19 所示。

商业综合体的模式，则更具拓展性。在丰乐服务区新综合楼的设计中，充分运用了这一模式，如图 5－20 所示；而规模条件允许的其他新服务区综合楼的设计也相当热衷于该模式的运用，如图 5－21 所示。

图 5－18　梅山服务区“消费之路”

图 5-19　某服务区综合楼商业街模式设计方案图

图 5-20　丰乐服务区新综合楼设计方案图

图 5-21　某服务区综合楼商业综合体模式设计方案图

4. 住宿功能区块的绿色升级

以住宿功能为基本出发点，在营造温馨舒适氛围之余，拓展出富于个性的旅馆服务功能，是一些服务区正在进行的有益尝试与探索。其中，结合高速公路的交通属性，设置汽车旅馆自然而然成了热门选择。

齐云山服务区和天柱山服务区，借助附近旅游资源遍布、自驾游客群丰富的先天优势，均因地制宜打造了汽车旅馆，还配套有汽车营地，结合服务区综合楼中的其他相关功能，能够为旅客提供休息、用餐、购物以及野外拓展等全面服务，如图 5-22 所示。

图 5-22　齐云山服务区和天柱山服务区汽车旅馆

5. 其他功能区块的绿色升级

随着私家车的普及，每逢节假日带上宝宝出门旅游成了时下流行的出行方式。于是，作为妈妈和宝宝在高速路途中唯一的公共服务提供场所，在服务区综合楼中为其准备舒适而温馨的母婴室，是顺应市场变化的优选，也是展现服务品质的良策，如图 5-23 所示。

母婴室空间讲求区位环境的洁净，内部装饰的舒适，以及细节处理的宜人，这些可以通过明亮的色调搭配、柔软的材质拼贴以及转角部位倒圆角的防磕碰处理等措施予以实现。

图 5-23　某服务区综合楼母婴室和设计方案图

5.4.2　基于创新功能的绿色探索

随着“服务区＋”时代的来临，除了基本功能外，创新功能的拓展成为服务区开发的新方向。融入创新功能，实现转型升级，对服务区建筑服务功能的提升有着非同寻常的意义与作用。

结合地方文化条件，因地制宜地在服务区内增设各项特色功能，打造各种特色建筑空间，安徽省一些服务区进行了有意义的尝试。

1. 徽派特色游憩功能探索

服务区用地往往位于郊野之处，其中不乏山清水秀之地，有些更是充盈着历史的积淀与文化的浸润。由此，打造独具风情的游憩功能，既可以对优美的周边环境回以柔情的呼应，又能够为舟车劳顿的旅客供以温情的解乏去处，还可为服务区营造独特的主题氛围，一举多得。

如华阳服务区，白壁、灰瓦、马头墙的经典徽派建筑风格，配以小桥、流水、月洞门的诗意游憩功能，相得益彰，典雅别致，如图 5-24 所示。

图 5－24　华阳服务区徽派特色游憩场所

2. 红色文化展览功能探索

许多地方历史文化或厚重或经典，服务区作为高速公路上面对各方来客的一扇窗口，承载与发扬地域文化特色也是非常值得发展的一项创新功能。

如梅山服务区，其所处金寨地区，是中国革命的重要策源地、人民军队的重要发源地。结合经典的红色文化，服务区特别增设了展览功能，通过布设“红军的摇篮”“将军的故乡”“十万金寨儿女奔赴疆场”等系列历史文化主题展览，使之成为展示区域文化的特色名片，如图 5－25、图 5－26 所示。

图 5－25　梅山服务区红色文化展览功能现状

图 5－26　梅山服务区红色文化展览功能改造设计方案图

3. 景观主题旅游功能探索

一些旅游资源相对丰富的地区，充分响应“交旅融合”的国家政策，积极挖掘旅游功能在服务区中的各种可能性，具备条件与优势的服务区正在努力进行探索。

如朱村服务区，地处全国历史文化名城——歙县一带，周边景观秀美，毗邻义成村、新安江，距离国家 AAAA 级旅游景区——雄村仅 2 千米左右。在其改造设计时，设置了联系两侧服务区综合楼的通透廊桥空间，如图 5－27 所示。一方面，旅客可以在其中游走，欣赏周边自然的景致，放松身心；另一方面，结合一侧服务区中特别开放设置的景区联系出入口，旅客可以通过廊桥到达换乘区乘坐景区接驳车，从而有效地打通从高速公路到景区的“最后两公里”。

图 5－27　朱村服务区景观主题旅游功能设计方案图

第6章　服务区建筑暖通及电气系统

对于服务区建筑，除了要在建筑布局、形体、维护结构及材料设计等方面考虑节能要求外，还应特别注意暖通及电气系统的节能设计。建筑物在使用过程中消耗的能源，包括照明、采暖、空调、热水供应、炊事以及办公设备等所消耗的能源。建筑能耗在能源消费构成中占很大的比重，在发达国家已占能源消费总量的35%～40%，在我国也已经占能源消费总量的25%以上。

6.1　暖通系统节能

6.1.1　服务区暖通系统分析

1. 服务区气候环境

安徽地处暖温带和亚热带，“春暖、夏炎、秋爽、冬寒”的气候特征明显。若按平均气温小于10℃为冬季、大于22℃为夏季、10～22℃为春秋季节的标准划分四季，则春秋各2个月，夏冬各4个月，冬夏长、春秋短。因此，建筑采暖空调的能耗较大。

高速公路服务区通常远离城区，四周无遮挡，日照、季风会严重影响采暖空调的能耗。另外，高速公路服务区因为经营策略需求，为吸引旅客，更好地满足人们对室内舒适性要求，对于空调开启时间比较灵活。夏季空调可能提前开放，冬季可能提前供暖，因此空调能耗会高于普通公共建筑用能标准。在炎热的夏季，服务区用电高峰负荷约有2/3用于空调制冷，服务区空调能耗约占服务区总能耗的40%。因此，服务区建筑的采暖空调节能非常重要。

2. 服务区采暖空调系统发展情况

高速公路服务区建筑规模不断扩大，建筑能耗也在不断增加，其中采暖空调能耗占有很大的比重。服务区建筑中综合楼、宿舍楼为满足室内人员对环境的舒适性需求，常常设置较复杂的空调、通风系统，其能耗很大；附属设备用房、加油站和维修站通常只需要设置较简单的通风、空调系统，耗能较少。

随着服务区建筑功能不断拓展，从过去的餐饮、购物功能发展为集餐饮、购物、住宿、商展、物流、汽修、信息中心等多种功能于一体，服务区综合楼也演绎为微型商业综合体，服务功能不断升级。建筑面积也增加到了 1 万～2 万平方米，对空调需求同步提升，一些比较成熟的冷热两用空调系统，如风冷热泵式空调系统、多联式空调系统，也开始在服务区综合楼应用。

3. 暖通系统与建筑的匹配

随着服务区建筑规模的扩大和设计水平的提高，空调系统的设计也需要灵活多变，满足一些特定需求。首先，服务区建筑造型更加多样化，对建筑外立面的要求提高，传统的分体空调外机会影响建筑的外在美观，因此需要改变空调系统的设计方式，将外机集中放置在屋面或机房，从而避免对建筑风格的影响。其次，建筑室内装饰也更加注重细节美，如果室内空调设置在墙面或者地上，就不能满足对室内装饰美感的要求，这也需要空调设计与之相适应。最后，服务区综合楼规模增大、功能分区增多，内部开始出现中庭、服务大厅等层高较高的空间，这就要求空调系统满足大空间、大高度的要求。

4. 服务区暖通系统设计存在的典型问题

一些服务区的暖通空调系统对节能设计的考虑不到位，存在不少能源浪费的现象，主要包括：

其一，早期服务区大量采用传统的分体式空调，一方面不能满足功能需求，另一方面分体空调能效较低，耗电量大。

其二，综合楼采用风冷热泵模块式空调机组，这种机组调节性比较差，在建筑部分使用空调时间段，机组无法在部分负荷中高效运行，导致耗能增加。

其三，暖通空调设计中，空调设备选型不当，造成能源需求不匹配，导致能耗增加。服务区综合楼内的一些特殊区域或称过渡空间，如门厅、中庭、高大空间，人员在这些区域的停留时间很短或没人停留，对室内舒适性要求不高。如果夏季设计温度偏低或冬季设计温度偏高，将会造成这些区域空调设备选型偏大，而实际需求较小，因能源需求不匹配造成能源浪费。

其四，空调主机没有设置在负荷中心，远离用冷用热建筑，导致空调系统管路长，造成主机选型偏大，运行能耗增加。

其五，服务区综合楼内一般会设置大面积的餐厅，这些餐厅需设置排风系统，然而系统对排风里带有的冷热量并没有加以回收，就将其排放到室外，造成冷热量白白浪费。

另外，空调系统的设置与运行工况不能灵活匹配，也会造成实际运行不节能。比如有些服务区空调采用热泵技术，后期运行时发现服务区人流量很少，只有少数房间使用空调，将空调主机开启后，耗电量急剧增加。

6.1.2 服务区暖通系统节能技术措施

1. 合理选择空调系统方案

服务区建筑空调系统的方案选择非常重要，选择空调系统时应充分考虑建筑规模、内部功能及使用需求，并了解服务区业态及经营方式。例如，某服务区综合楼内部功能分区包括办公、住宿、餐饮、超市、商铺等，空调系统分区如图 6 - 1 所示。

空调系统分为五个部分，分别为办公室空调系统、住宿空调系统、餐饮空调系统、超市空调系统、商铺空调系统，空调系统的特点是每个功能区所有室内机共用一个室外主机。这些功能区空调使用时间不同，办公室空调使用时间一般为早上 8 点至 11 点、下午 2 点至 5 点，住宿空调为夜间使用，餐饮空调为吃饭时间使用，超市一般为 24 小时营业，商铺一般为白天营业。因此这种设计方式的好处是空调系统分开，使用时间相

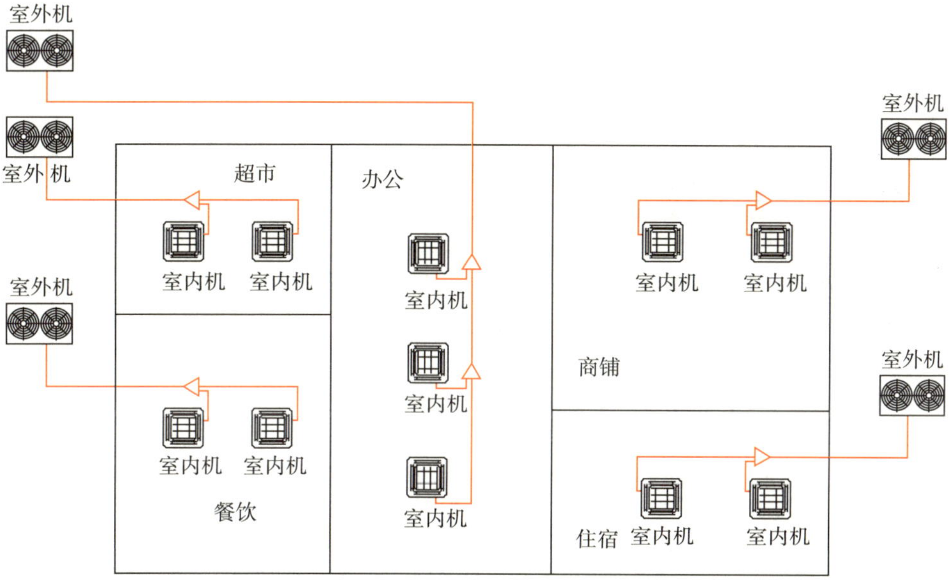

图 6-1　某服务区综合楼空调系统分区示意图

互独立，空调运行负荷高，室内机使用率高，空调系统运行更加节能。多联机系统还具有较好的节能变频技术，运行负荷在 10%～100%，室外机根据室内机负荷变化自动调节能量输出，这样即使少数室内机在使用，主机效率依然很高。

2. 合理选择空调系统的冷热源

服务区综合楼建筑规模在 3000～5000 平方米时，冷热源宜采用多联式主机；建筑规模接近 10000 平方米时，可以考虑采用风冷热泵模块式空调机组和多联式(热泵)主机。

冷热源有两种：一种是风冷模块式热泵机组，一种是 VRV 多联式空调(热泵)机组。当服务区设有大规模的商业综合体时，商业空间面积较大，可能涉及的中庭等区域使用时间一致，负荷较大且集中，空调主机可以采用一组风冷模块式热泵机组。这种模式主机使用率高，运行节能，而且节省投资。如果分开采用多个 VRV 多联式(热泵)空调主机同时运行，机组运行效率降低，反而不节能。对于使用时间不同的办公区域或住宿区域，面积一般不大，可以单独设置一组 VRV 多联式空调(热泵)机组,开启时间比较自由,使用率高,运行更节能。某服务区综合楼空调系统平面布置示意图如图 6-2 所示。

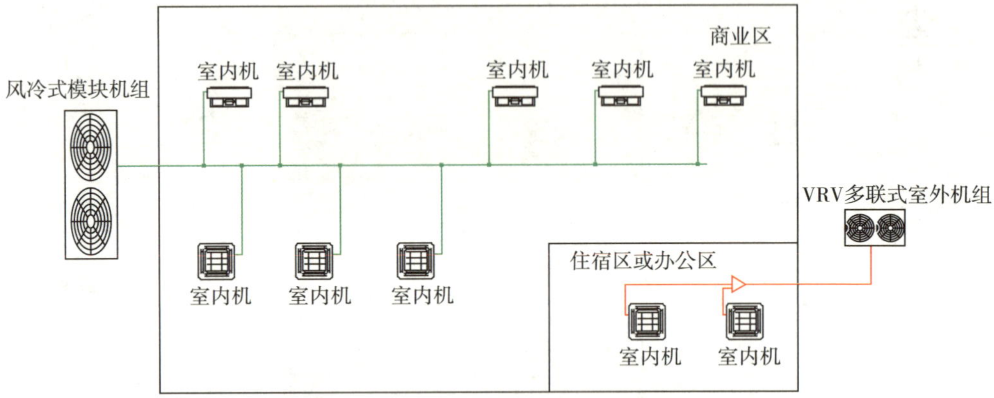

图 6-2　某服务区综合楼空调系统平面布置示意图

3. 灵活选择空调设备负荷

服务区综合楼内的一些特殊区域或称过渡空间,如门厅、中庭、高大空间,人员在这些区域中的停留时间很短,对室内舒适性要求不高,因此可适当降低这些区域的温度标准,以达到降低供暖空调用能的目的。"小空间保证,大空间过渡"就是指在设计高大空间建筑时,将人员停留区域控制在小空间范围内,大空间部分可以按照过渡空间设计,在计算时可以适当降低这些区域的负荷,选择小型空调设备,从而减少室外机使用功率,降低用电负荷。

另外,空调设备应选用节能型产品。以常用的 VRV 多联式空调(热泵)主机为例,2 级节能产品的制冷综合性能系数为 3.30,比制冷综合性能系数为 3.10 的普通产品节能 6%以上。目前市场上节能品牌的机组,其制冷综合性能系数已经达到了 1 级水平甚至更高,则节能效果更加显著。

4. 采用热回收装置

服务区综合楼内通常都设有带空调系统的餐厅,于室内可以设计热回收装置,回收排风的能量,热回收效率一般在 60%以上。另外,餐厅都设有排风系统，排风中的能量是可以利用的，可用于预处理进来的新风，起到节能效果；进来的新风也可以提升室内空气品质，增加人员的舒适性。某服务区餐厅热回收装置示意图如图 6－3 所示。

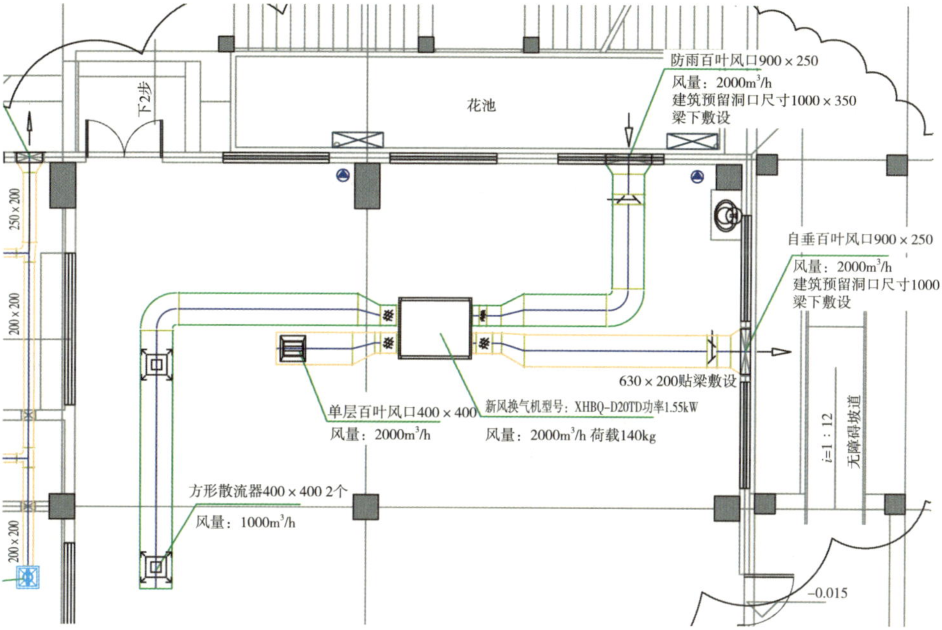

图 6－3　某服务区餐厅热回收装置示意图

5. 合理设置室外机位置

空调主机应尽量靠近用冷用热部位，以减少空调系统管路长度，降低能量损耗。以多联主机为例，一般主机放置在建筑屋面，靠近冷媒管井，管井一般选择在建筑内中间位置。如果建筑长度较长，会在两端设置管井，靠近管井屋顶处设置室外主机。在空调主机容量选择上，往往要考虑管长的修正系数，管路越长衰减越严重，主机负荷越大。

6.1.3　服务区热泵技术应用

1. 技术概述

热泵是一种能从自然界的空气、水或土壤中获取低位热，经过电力做功，输出可被利用的高品位热的设备，具有节能、环保的优点，是近年来备受关注的新能源技术。根据热源不同，热泵可分为空气源热泵、水源热泵和地源热泵。空气源热泵系统充分利用空气中的冷、热能资源，制成冷热水供空调使用；风冷热泵已经成为替代传统空调方式的优选方案之一，空调机组夏季制冷、冬季采暖，可以冷暖两用。地源热泵系统利用的是地下浅层地热资源，既能供热又能制冷，其节能性能更优于风冷冷水热泵；根据地热能交换形式的不同，地源热泵系统又分为地埋管地源热泵系统、地下水地源热泵系统和地表水地源热泵系统。以上热泵系统在安徽地区均有应用，主要对比分析见表 6－1 所列。

表 6－1　热泵系统对比分析

项目	水平地埋管地源热泵	垂直地埋管地源热泵	地下水地源热泵	地表水地源热泵	空气源热泵系统
初投资	较高	最高	低	最低	相比于地源热泵最低
运行费用	低，节能约 30%	低，节能约 30%	较低，节能约 40%	较低，节能约 40%	高
适用条件	室外场地大	室外场地大	地下水丰富	地表水丰富	较适合夏热冬冷地区
使用寿命	主机 25 年，地下埋管 50 年以上	主机 25 年，地下埋管 50 年以上	主机 25 年，地下水井 50 年以上	主机 25 年，取水口 50 年以上	20 年
制冷效果	不受室外气温影响				夏季室外气温越高，制冷效果越差
制热效果	不受室外气温影响				冬季室外气温越低，制热效果越差，低于－5℃可能无法正常工作，需要辅助电加热装置
除霜问题	不存在结霜及除霜问题				冬季室外温度在 4℃左右时，室外换热器会出现结霜现象，需要采取除霜措施

（续表）

项目	水平地埋管地源热泵	垂直地埋管地源热泵	地下水地源热泵	地表水地源热泵	空气源热泵系统
故障率	低				较高
调节方式	主机 10%～100%无级调速				调节灵活性差
安全评价	可靠				一般
使用灵活性	可随时开机				

2. 服务区热泵技术应用探讨

服务区具有较大的场地空间，如停车场、绿化带，可用于敷设水平或垂直埋管，适合地埋管地源热泵的应用；地埋管还可以结合建筑土方填充、桩基一起施工，更节省造价。若地下水丰富，服务区可以打井取水采用地下水换热器，更加节能。安徽省属于夏热冬冷地区，根据表 6-1 中分析，综合考虑节能效果及使用可靠性，在人流量较大、空调使用率较高的服务区，地源热泵系统更适合在建筑空调中应用。

工程场地状况及浅层地热能资源条件是应用地源热泵系统的基础。设计地源热泵系统方案前，应进行工程场地状况调查，并对浅层地热能资源进行勘察；根据调查及勘察情况，确定采用地埋管、地下水或地表水地源热泵系统。

对于地下水水源热泵系统的应用，除需要具备地下水资源丰富、水质符合要求的条件外，还必须注意当地政策是否允许。取水和回灌应严格执行《城市地下水开发利用保护管理规定》等法规要求，确保水源不受污染和破坏，并且必须全部回灌所取地下水，防止因抽水过度而造成地面沉降。

3. 服务区热泵技术应用案例

安徽某服务区建筑全部在山涧回填碎石平整场地构建，综合楼为二层结构，一层包括大厅、超市、餐厅和厨房等，二层包括办公室、荣誉室和客房等，空调使用面积为 1284.5 平方米；宿舍楼为三层结构，共有宿舍 54 间，可供 108 人住宿，每间宿舍均可提供 24 小时热水洗浴，空调使用面积为1138.32平方米。按照建筑设计要求，在所有人员活动场所除保证要提供室内空调，同时需向客房、宿舍、厨房提供生活热水。

(1)设计标准

① 空调系统区域划分

从建筑布局、热泵使用特点和运行费用考虑，采用两个独立的地源热泵空调(热水)系统，分别供给综合服务楼(包括餐厅、超市、客房和办公室)空调和宿舍楼(包括宿舍和盥洗室等)空调和热水等。

② 生活热水

地源热泵热水系统生活热水出水温度为50～60℃，总热水储水量为6.4吨，其中综合楼1吨、宿舍楼5.4吨。

(2)设计方案

① 地埋管

地埋管材料选用热传导系数高的高密度聚乙烯PE100，导热系数为0.46～0.52瓦/(米·开)。地源热交换方式根据现场地质条件，采用水平螺旋盘管埋管方式，盘管总长度约14400米。

② 地源热泵系统机组

a. 地源热泵系统机组选型

最大时刻总冷负荷约370.5千瓦，最大时刻总热负荷约296.4千瓦。设计同时开机系数约0.9。

b. 系统冷负荷约333.4千瓦，热负荷约240.8千瓦。

c. 生活热水用水点:64个。热水总存储量:6.4吨。

d. 选择6台模块式地源热泵(带全热回收)机组，主机型号为GSHP60TFH5U。

表6-2　机组参数

单台机组参数	系统机组总容量
制冷量:56.4千瓦	制冷量:338.4千瓦
制冷输入功率:9.9千瓦	制冷输入功率:59.4千瓦
制热量:39千瓦	制热量:234千瓦

（续表）

单台机组参数	系统机组总容量
制热输入功率:14.2 千瓦	制热输入功率:85.2 千瓦
热回收量:64.1 千瓦	热回收量:384.6 千瓦
负荷侧循环水流量:9.7 立方米/时	负荷侧循环水流量:58.2 立方米/时
地源侧循环水流量:9.66 立方米/时	地源侧循环水流量:57.96 立方米/时
热回收循环水流量:11.03 立方米/时	热回收循环水流量:66.18 立方米/时

（3）系统布设

① 地埋管

地埋管在建筑物周边景观、绿化和空地的地下浅层水平螺旋埋管，埋管深度为 1.2～1.6 米，占地约 2400 平方米。这种埋设方式既可增强管道的传热能力，又可以避免交叉施工，如图 6－4 所示。

② 系统主机

系统主机选择放置在厨房北面墙外，并选择水泵内置式主机。在距墙 2 米处设置水泥平台，其上作为机房，这样不占用建筑物内部其他空间，也不影响建筑物外部美观，如图 6－5 所示。

图 6－4　地埋管铺设

图 6－5　热泵主机安装

③ 空调水系统

室内空调冷冻水主管路从外墙进入卫生间后，立管上二层。冷冻水管采用 PPR 热水管，排水采用 PVC 排水管，保温采用橡塑保温套管。

系统采用自动定压补水装置，为地源、负载和生活热水3个独立的封闭式水循环系统定压补充纯净水。地源热泵系统的工作模式，由机组控制器设置切换。

④ 末端空气处理设备

建筑主体大厅、超市和餐厅采用卡式四出风风机盘管；办公室、宿舍、客房等采用卧式暗装侧出风风机盘管，可有效节约室内空间，不影响室内装修。送风形式为可调节双层百叶风口送风，回风形式为带过滤网回风口底部回风。公共卫生间采用吊顶式新风空调机组，通过送风管道接至散流器，调节室内空气温度和新风换气。所有末端设备均设置室内温度控制器和电动调节阀，可根据设定室温自动对设备的风速和水流进行调节，以降低能耗。

(4)综合效益分析

① 投资费用

本项目地源热泵空调(热水)系统投资约150万元，若采用空气源空调配备电热水器系统，则投资约为80万元，地源热泵空调系统与之相比投资增加约70万元。

需要说明的是，本项目地源热泵空调(热水)系统装机容量为95千瓦，若采用空气源空调配备电热水器系统则装机容量约375千瓦。采用地源热泵系统可减少供电设备和电力输送容量约280千瓦，大约节约74.7%的供电工程费用。

② 运行费用

本项目地源热泵空调(热水)系统年运行费用约65.7万元，若采用空气源空调配备电热水器系统则年运行费用约114.8万元，采用地源热泵系统年运行费用节约49.1万元。

地源热泵空调(热水)系统虽然比空气源空调配备电热水器系统投资高，但运行1.43年即可收回投资增加部分的费用，运行3年即可收回系统全部投资费用。

③ 节能减排效益

本项目采用的地源热泵空调(热水)系统与空气源空调配备电热水

器系统相比较，节能减排性能指标见表 6-3 所列。

表 6-3　节能减排性能指标

指标分类	指标名称	节约量/减排量
节能指标	电能	490582 千瓦·时
	水	1960 吨
减排指标	CO_2 排放量	490.58 吨
	SO_2 排放量	14.72 吨

6.2　电气系统节能

6.2.1　服务区电气能耗分析

为了满足服务区功能需求，服务区用电设备越来越多，包括暖通空调、消防水泵、生活水泵、排污泵、污水处理设备、雨水回用设备、空气源热泵机组、厨房动力、加油站动力、机修用电、开水器、照明、插座小电器等。服务区的总电能消耗，除了用电设备电能消耗外，还有变压器自身损耗和配电线路损耗。随着高速公路服务区功能不断完善和拓展，服务区的建筑规模、商铺设置、厨房电器数量逐渐增加，用电量也随之增加。安徽省典型服务区从最初的用电 250 千伏·安左右达到了目前的 400 千伏·安，其中最主要的用电处是暖通空调用电、厨房用电和照明用电。

安徽省高速公路早期建设的服务区在电气节能方面存在一些不足。首先，早期由于考虑到两侧用电负荷不大，为了节约投资，通常仅在有服务区宿舍楼的一侧设置配、变电所，另一侧服务区配电则将低压动力电缆接至综合楼总动力柜，再接至该区各单体建筑物。这种方式中低压总配电电缆需穿越高速公路主线，路径长，配电线路损耗大，可靠性不高。其次，由于早期服务区用电量不大，采用杆上油浸式变电站居多，这种设置方式中，从油变至低压进线柜需要采用电缆配电，容量大，配电线路损耗大，并且设备经长期风吹日晒，老化快、能耗高、检修维护难度大。最后，服务区照明最早采用节能灯泡、高光效荧光灯、紧凑型荧光灯、金卤灯、高压钠灯等，这些灯具能耗大，不利于节能。

降低电能消耗不仅可以节约资源，还有利于服务区降本增效，是绿色服务区建设的重要内容之一。为了减少电能消耗，服务区近年来对于供配电系统不断调整优化，新型照明灯具及控制技术的使用越来越广泛，电气设备不断更新，一些适宜的新能源技术也逐渐应用于服务区电气节能设计。

6.2.2 供配电系统节能

1. 配、变电所设置

配、变电所接近负荷中心，可提高供电可靠性，缩短供电半径，减少配电线路损耗，因此在高速公路两侧服务区分别独立设置配、变电所，不仅有利于节能，还有利于未来发展用电容量的扩展。

随着服务区的用电量增加、配电系统结构的变化以及设备维护需求的提升，配变电所型式逐渐发展到设置室内独立配电房，并采用带保护外壳干式变压器与配电柜同室紧靠布置的方式。这种布置方式下，变压器与低压进线柜采用母排连接方式，减少了配电线路损耗。

2. 低压配电系统架构

随着服务区规模的扩大，越来越多的服务区采用 VRV 空调，采用空气源热泵集中供热，并且需要设置火灾自动报警系统、能耗监测系统等。因此，配电系统的设计也发生了变化，对水泵、VRV 空调、空气源热泵机组、加油站房、机修间、室外照明等独立部分采用从配变电所直接放射式配电，独立计量；对于综合楼，按照厨房用电、公共卫生间用电、宿舍用电、办公商铺用电分区从配变电所直接放射式配电，每个功能区单独计量，并接入能耗监测系统，便于运维管理人员进行能耗统计分析，从而采取有针对性的节能措施。

3. 配电电缆的选择

配电电缆的电能损耗在配电系统中约占 10%，对于电缆应结合技术条件和经济电流进行合理选择，实现优化节能的目的。在服务区设计过程中，楼层配电箱应设置在合理的位置，供电半径不宜超过 50 米，当局部超出时应适当加大电缆截面，防止压降及能耗过大；室外照明配电线路一般较长，应适当加大电缆截面，降低电缆能耗。

6.2.3　照明系统节能

服务区作为高速公路附属设施、综合性的服务场所，具有全天候开放、车辆人员流动差异大的特点。如，服务区白天人员多、午夜人员少；在大暴雨、大雾等气候条件差或节假日时，服务区车辆多、人员密集。因此，在保证服务区照明系统可靠运行的基础上，还应根据外部条件差异灵活调节照明装置达到节电目的，这是设计照明系统时需要综合考虑的。服务区照明用电占用电总量的 15％～25％，照明用电的节约也是服务区节能的重要方面。

通常照明系统的节能设计可从两方面考虑：一是降低照明装置的单位耗电率；二是在设计阶段采取节电措施以减少不必要的损耗。这两方面主要体现在照明灯具的选择及布置、照明配电设计及控制方式的选择上。

1. 照明功能分类

根据照明功能的不同，服务区照明可分为停车区广场照明、庭院照明、道路照明、加油站房照明、公共卫生间照明、走道照明、办公室照明、宿舍照明及其他功能房间照明。对于不同功能区照明，应合理选择灯具，采取针对性的照明控制技术。室内照明光源的选择应与建筑物的功能布局、室内空间高低、室内装修风格相协调，宜采用无眩光光源；对于室外停车区广场照明，由于广场空间宽广，宜以高杆灯、中杆灯等作为主要照明，光源的选择应考虑雨雾天气的透雾能力。

2. 照明灯具的选择

LED 灯作为新型的绿色电光源，相对于传统灯具具有节能、环保、寿命长等优点，因此服务区采用高效 LED 灯，以达到更好的节能效果。

停车区广场照明一般采用30米的高杆灯，配置6个大功率照明灯具，照明半径小于60米。考虑到雨雾天气也能对广场进行照明，最初通常选择透雾能力强的高压钠灯。随着LED灯以及照明控制技术的发展，可以考虑采用LED灯和高压钠灯结合布局的方式，在天气良好时采用LED灯提供照明，在雨雾天气采用高压钠灯提供照明，这样更有利于节电。

3. 照明配电及控制技术的运用

照明系统的设计应根据环境条件、使用特点，合理布置照明灯具，合理配电，灵活选择照明控制方式，以利于节约能源。

服务区单相负荷主要是照明和插座小电器，照明配电系统应使灯具、插座均匀分配到三相系统中，在满足三相负荷不平衡度不大于15%的要求下，尽量减小三相负荷不平衡度，这样不但可以满足接入电网连接点对三相负荷不平衡度的要求，而且能减小通过中性线的电流，从而减小线路电能损耗。

照明系统可根据服务区功能特点、管理要求并结合自然采光情况，采取分区、定时、感应等节能控制措施，以及分散与集中、手动与自动相结合的方式；走廊、楼梯间、门厅、餐厅、超市等场所宜采用集中控制、分组控制、就地感应控制的方式，广场、道路应采取时控、光控等方式。

对于服务区走廊、楼梯间、门厅、公共卫生间等公共场所的照明，宜采用集中控制；由于服务区夜晚人员较少，可以采用定时智能开关，感应到有人时亮灯，人员离开时自行断电；同时采用调光开关，调整灯具的亮度，灯具应有独立的开关控制，每盏灯可分别控制，实现节电的目的。

对于服务区客房，为了避免客人离开房间时忘记关闭用电电器，浪费电能，每间客房应设置节能控制型插卡总开关，实现取卡自动断电功能。宿舍楼有天然采光的楼梯间、走道的照明，除应急照明外，宜采用节能自熄开关。室外照明宜采用集中遥控节能管理方式或采用自动光控加时控的控制方式。

6.2.4　电气设备的节能

1. 变压器的选择

配电变压器作为服务区供配电系统的核心设备，其节能效果体现着供配电系统的节能水平。因此，在这类系统的设计过程中，应重视配电变压器的节能设计。

近年来，变压器的铁心材料开始采用最新的非晶态磁性节能材料，于是非晶合金铁心变压器应运而生。另外，SCB11、SCB13 等型号变压器卷铁心改变了传统的叠片式铁心结构，大大减少了磁阻，空载电流减少了 60%～80%，提高了功率因数，降低了电网线损，改善了电网的供电质量，使空载损耗降低了 20%～35%。因此，在选用配电变压器的过程中，首先应重视能耗较低的 SCB13 型环氧树脂浇铸变压器、SCBH15 非晶合金干式变压器的应用，全面提高配电变压器运行中的电能转换效率，最终达到节能降耗的目的。

2. 无功补偿装置的选择

服务区宜在配变电所变压器低压侧设置并联电容器无功自动补偿装置，使补偿后功率因数不低于 0.95。考虑到照明、插座用电等单相负荷较多，宜采用单相及三相混合补偿措施，单相补偿不宜小于总补偿容量的 30%，无功补偿采用智能型免维护成套自动补偿装置，且具有过零自动投切功能，并有抑制谐波及抑制电涌措施。通过无功自动补偿装置的自动运行，根据实际功率大小与设定值的偏差自动投切组合电容器，可达到补偿后功率因素目标值，取得更好的节能效果。

3. 动力设备节能

在服务区中，动力设备主要是水泵、暖通空调风机、电梯。对动力设备的节能分析，关键要考虑电动机的调速方式和控制方式。采用变频调速方式时，当转速减小，电动机的功率将以其三次方的速率下降，因此节电效果显著。目前，变频技术应用于风机、泵类设备驱动，显著提高了设备运行效率，并且大大减少了设备维护和维修费用。

随着服务区综合楼规模的扩大，为了全面提升驾乘人员的舒适度，通风空调系统成为必备的设备。当采用 VRV 空调机组时，应单独配电，设置能耗监控，便于运维人员维护分析；并宜运用智能控制系统，根据室内机的需求智能调节室外机的出力，使通风空调系统的运行达到经济最大，取得最好的节能效果。

当服务楼、宿舍楼设有电梯时，为了更好地节能，电梯应配备高效电机及使用先进控制技术的产品，自动扶梯应具有节能拖动及节能控制装置，并宜设置自动控制扶梯启停的感应传感器；当 2 台及以上电梯集中布置时，其控制系统应具备按程序集中调控和群控的功能。

6.2.5 太阳能光伏发电

1. 分布式光伏发电系统构成

分布式光伏发电是指采用光伏组件，将太阳能直接转换为电能的分布式发电系统，它是一种新型的、具有广阔发展前景的发电和能源综合利用方式。一般建在用户侧，装机规模较小，所生产电力主要为自用。它倡导就近发电、就近并网、就近转换、就近使用的原则，不仅能够有效提高同等规模光伏电站的发电量，还有效解决了电力在升压及长途运输中的损耗问题。

目前应用最为广泛的分布式光伏发电系统，是建在城市建筑物屋顶的光伏发电项目。该类项目必须接入公共电网，与公共电网一起为用户供电，光伏系统发出的电能中多余或不足的部分通过公共电网来调节。分布式光伏发电系统构成示意图如图 6 - 6 所示。

2. 分布式光伏发电在服务区的应用

高速公路服务区满足布设光伏组件的开敞空间，集约化利用服务区土地资源发展光伏发电，具有较好的推广应用前景。自 2012 年报道的全国首个采用太阳能光伏发电的服务区建成以来，不同省份的高速公路服务区陆续开展了该项技术应用。

在服务区将太阳能光伏发电与建筑相结合，根据建筑屋顶、幕墙、停

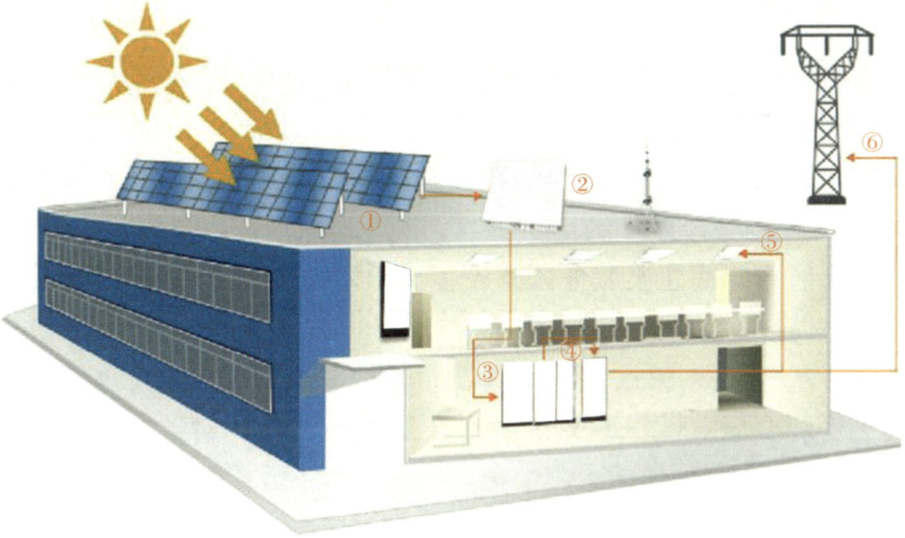

①—光伏组件；②—汇流箱；③—光伏逆变器；④—远程监控系统；⑤—厂区用电；⑥—电网。

图 6-6　分布式光伏发电系统示意图

车棚等可利用面积，日照条件以及服务区用能情况等确定太阳能光伏发电一体化设计的规模，通过太阳能光伏板发电至汇流箱，再依次至逆变柜、并网柜，通过并网柜接入服务区配电系统，实现可再生能源的利用。服务区太阳能光伏发电应优先自行使用、余电并网，并宜设置可进行实时和累计发电量等数据的采集和远程传输的控制系统。太阳能光伏板在某服务区典型铺设情况如图 6-7 所示。

（a）光伏板作为停车棚

（b）光伏板铺设在建筑屋顶

图 6-7　太阳能光伏板在某服务区典型铺设情况

3. 应用案例

根据安徽省政策，光伏上网电价比较低，且低于服务区用电价格。因此在建设光伏系统时，服务区从有利于投资回收的角度考虑，并不是尽可能地扩大光伏发电系统规模，而是根据服务区的用电负荷来确定安装容量。

安徽省合宁高速某服务区建设了太阳能光伏发电系统，取得了良好的节能减排效益。该服务区占地约 105333 平方米，建筑面积约为 14032 平方米，是集餐饮、住宿、购物、加油、汽修、车辆降温等服务为一体的大型综合服务区。服务区所在区域年平均日照时数 2160 小时，峰值日照时数 4 小时，年均太阳辐射量 4616.63 兆焦/平方米，属于太阳能资源三类地区，是太阳能资源可开发利用区。

(1)光伏发电系统构成

服务区光伏发电系统由光伏组件与直流集线箱、直流汇线箱、逆变器、并网柜、监控系统等组成，系统配置情况见表 6 - 4 所列。

表 6 - 4　服务区光伏并网系统配置情况一览表

序号	名称	规格型号	单位	数量
1	多晶硅光伏组件	JAP6 - 60 - 250	块	1560
2	三相并网逆变器	GSG - 30(10、20)KTL - TV	台	16
3	交流配电柜	BW - JL01/01	台	5
4	直流集线箱	HRJX - 06	台	24
5	直流汇流柜	HX - ZL01/06	台	5
6	远程监控箱	NICS9000 计算机监控系统 V1.0	台	4

光伏面板阵列铺设在服务区北区综合楼、配电房、机修车间、南区综合楼、员工宿舍楼及机修间楼顶，斜面楼顶光伏组件采用平铺安装方式，共采用 250 瓦多晶硅光伏组件 1560 块，组件总装机容量 390 千瓦，铺装总面积 2400 平方米。光伏系统产生的电能采用 380 伏低压并网的方式就近接入服务区内部电网低压侧，即发即用，为服务区内部用电设备供电，剩余电量用来上网。

(2)运行情况

安装了光伏并网发电系统后,服务区的用电量来自光伏系统发电量和市政电网供电量两部分;光伏系统产生电量除供服务区用电设备就地消耗外,余量供至市政电网。在服务区配电站 0.4 千伏进线侧设置了计量关口电能表,同时在光伏发电系统并网点加装了计量装置,可分别对光伏系统所发电量中的服务区用电量、上网电量进行计量。某服务区各月光伏系统发电情况如图 6-8 所示,服务区用电量情况如图 6-9 所示。

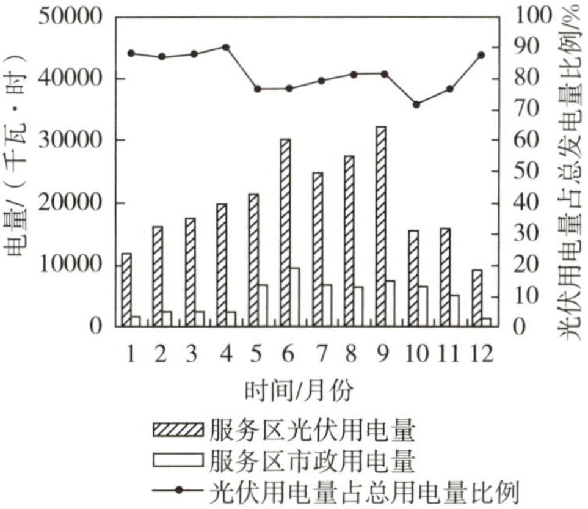

图 6-8　某服务区各月光伏系统发电情况

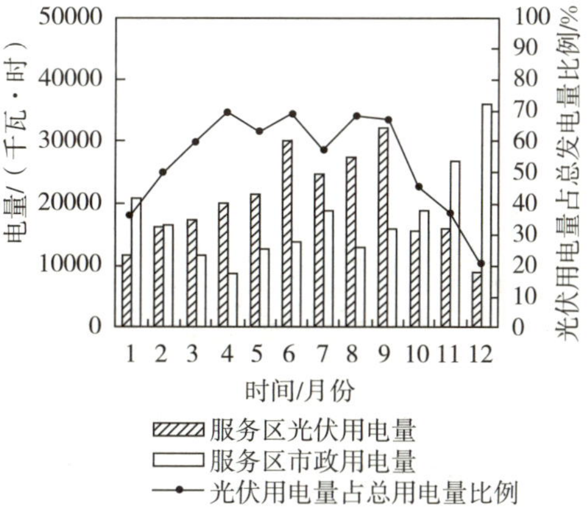

图 6-9　某服务区用电量情况

从图 6-8 中可知,光伏系统所发电量绝大部分被该服务区用电设备就地利用,各月的利用比例均在 70%以上,只有少部分电量通过上网输出;冬季光伏系统发电量低,其利用比例提高到 90%左右,上网输出电量很少;夏季随着光伏系统发电量的提高,其利用比例下降到 80%左右,上网输出电量增加。可以预见的是,随着光伏安装容量的进一步提高,服务区光伏系统所发电量的利用比例会下降,上网输出电量的比例将增加,但因当地上网电价还明显低于服务区用电价格,所以从投资回收的角度来讲并不经济。

从图 6-9 中可见,该服务区 6 至 9 月份的月度总用电量相对高于其他月份,这个阶段光伏发电系统供给服务区的用电量也较大,占服务区总用电量的 60%左右,很大程度上缓解了服务区用电对市政电网造成的压力，这也说明光伏发电对服务区市政用电起到了很好的季节“调峰”作用。冬季光伏系统发电量低，供给服务区的用电量也显著下降，只占服务区总用电量的20%～30%。从全年来看，光伏发电系统供给服务区的用电量达到24.2万千瓦·时，占服务区总用电量的53.1%，这也表明服务区一半以上的用电量可以由太阳能这种新型可再生能源供应。

项目建成后的使用年限为25年，按实际发电量核算的项目全周期预计发电量可达747.75万千瓦·时。相当于节省2467.5吨标准煤当量，减排二氧化碳6833吨，减排二氧化硫274吨，减排氮氧化物16吨，节能减排效益显著。

6.3 能耗管理

6.3.1 概念与意义

能耗管理指能耗的计量、监测与管理，是实现节能减排的基础。基于物联网的能耗管理系统，就是通过互联网对各类能耗实行精细计量、实时监测、智能处理和动态管控，达到精细化管理的目标。

目前粗放式的管理方法和低层次的技术手段，无法有效地指导节能减排工作，导致出现能耗数据残缺不全、能耗管理成本过高、能耗评估机制缺乏、节能方案实施不力等诸多的问题，且难以解决。

为此，需要设置能耗管理系统，有效地解决精细计量、智能处理、动态分析、实时评估等节能减排的关键问题，为用能单位实施能源管理，实现技术节能和管理节能，提供随时随地、直观准确的计量核算和动态管控手段，有利于建立科学、系统的节能减排分析方法，完善节能减排的评价指标与体系，实现“感知—管控—再感知—再管控”的良性循环，深入挖掘节能潜力，持续优化节能方案，不断提高节能效益，全面实现节能目标。

6.3.2 高速公路服务区能耗管理系统

能耗监测系统是对本工程用电情况进行实时监测，并根据采集数据给出相应的统计数据与分析图表，为服务区管理部门做出节能决策和改进管理办法提供有力的数据支持的系统。高速公路服务区可根据服务区规模及用能情况设置电能监测计量与能耗管理系统，具体设置如下：

（1）设有集中空调系统的服务区宜设能耗监测系统，对设备用能情况进行监测、统计、分析和管理，便于维护人员及时发现设备故障并处理。

（2）能耗管理系统应根据建筑使用功能、能耗类别和用能设备特点进行设计，对于服务区综合楼，按照厨房用电、公共卫生间用电、宿舍用电、办公商铺用电分功能区单独计量；对于水泵、VRV 空调、空气源热泵机组、加油站房、机修间、室外照明等应独立计量。并接入能耗监测系统，便于运维管理人员进行能耗统计分析，从而采取有针对性的节能措施。

（3）在低压进线第一级配电或变电所低压侧应按照分项计量要求分回路配电，并进行电气计量，宜采用电子式仪表并预留远传数据接口。

（4）在变压器低压出线侧总开关处应设置电子式多功能电表进行测量；表计应具有监测三相电流、电压、有功功率、功率因数、总谐波含量和有功电度计量功能，并应预留远传数据接口。

某服务区能耗监测干线系统图如图 6－10 所示。

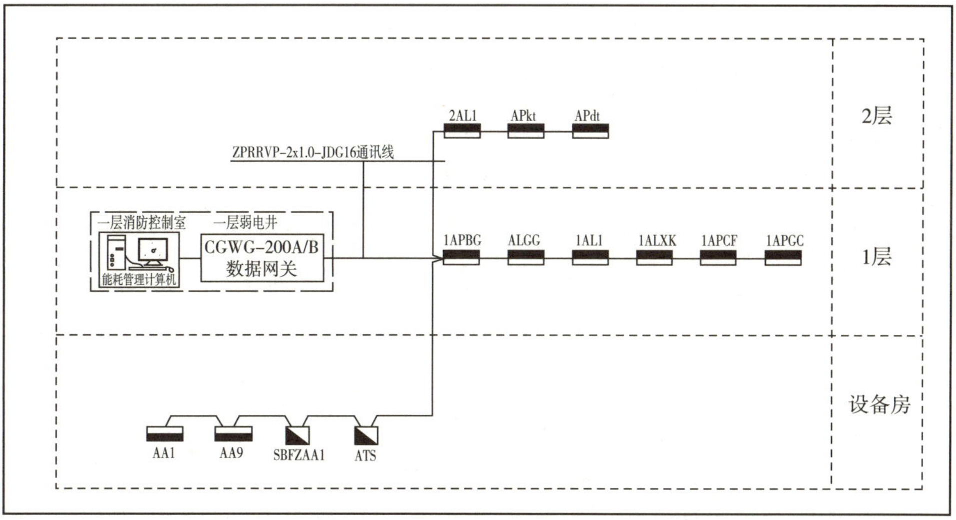

图 6－10　某服务区能耗监测干线系统图

第7章　服务区环保设施

7.1　污水处理

服务区是公路沿线设施中人流量最大、功能最复杂的区域，其污水产生量较大，如果不经妥善处理就排放，将对周围水体、土壤造成严重影响。当服务区周边建有市政污水管网时，宜优先将污水排入市政管网，依托市政污水厂集中处理，这种方式比服务区自行建设污水处理设施更为经济且污水处理的可靠性强。然而，目前大部分服务区由于远离城市，污水无法直接排入市政污水管网，因此需要建设独立的污水处理设施，将污水妥善处理至满足排放标准要求。

7.1.1　服务区污水排放特点

1. 污水来源

服务区污水从来源上主要分为如下几类：管理人员及驾乘人员如厕产生的公共卫生间冲厕污水，管理人员及宾客住宿产生的盥洗污水，餐饮经营活动产生的餐饮污水，机修及洗车服务产生的污水，加油站清洗污水。

不同服务区各类污水产生的比例可能不同，这与服务区所处路段位置、服务区规模、提供服务的能力等都有关系。比如，特色餐饮经营火爆的服务区，其餐饮污水所占的比例相对更大；服务功能欠缺的服务区，驾乘人员进入服务区主要为满足如厕需求，冲厕污水所占的比例相对更大。

根据2017年对安徽省服务区污水产生情况的调研，公共卫生间冲厕污水占服务区污水产生总量的40%～80%，其余为：盥洗污水占10%～30%，餐饮污水占10%～30%，机修及洗车服务产生的污水占5%～10%，加油站清洗污水占5%～20%。

2. 污水水质

（1）各类污水性质

不同来源的污水性质差别很大：冲厕污水中的悬浮物、有机污染物浓度高，可生化性好，氮和磷浓度高；盥洗污水中的悬浮物、有机污染物浓度相对较低，水质较清洁、易处理；餐饮污水中的有机污染物、动植物油含量高，可生化性较好；机修及洗车服务产生的污水及加油站清洗污水中所含污染物以泥沙颗粒物、石油类为主，较难被生化降解。

各类典型污水污染物浓度见表 7－1 所列。主要污染指标包括 SS、COD_{cr}、BOD_5、石油类、动植物油、氨氮、总磷等。

表 7－1　各类典型污水污染物浓度　（单位：毫克/升）

类别	SS	COD_{Cr}	BOD_5	石油类	动植物油	氨氮	总磷
冲厕污水	350～450	400～1000	300～550	—	—	40～150	5～20
盥洗污水	80～120	60～120	40～80	—	—	—	—
餐饮污水	200～300	500～900	300～500	—	150～400	6～50	—
加油站清洗污水	50～150	200～500	20～100	60～120	—	—	—
机修及洗车服务产生的污水	45～865	48～320	—	3.5～79.6	—	—	—

（2）综合水质特征

服务区最终排放的污水实际上是各类污水通过污水管道被统一收集后的综合污水，具体组成以冲厕污水，管理人员、宾客住宿污水及餐饮污水为主，所以其性质与普通的生活污水类似，主要污染指标包括 pH、SS、COD_{Cr}、BOD_5、氨氮、总磷等。

不同服务区的综合污水水质存在一些差异，这主要是因为各类污水产生的比例有差别。安徽省典型高速公路服务区综合污水水质情况见表 7－2 所列。

表 7－2　安徽省典型高速公路服务区综合污水水质情况　（单位：毫克/升）

地点	pH	SS	COD_{Cr}	BOD_5	氨氮	总磷
安徽芜合高速某服务区	7.07～7.89	184～357	286～689	128～354	39.8～61.4	3.9～9.7
安徽京台高速某服务区	7.12～7.67	242～377	376～724	172～316	44.3～73.8	5.2～12.1
安徽沪陕高速某服务区	7.04～7.52	176～342	305～709	143～308	44.3～73.8	5.7～11.3
安徽沪蓉高速某服务区	7.08～7.22	220～369	352～640	138～256	34.2～53.7	4.8～15.7

注：监测水样取自污水处理设施进水调节池。

服务区污水水质与普通生活污水类似，但又具有其自身的特点，突出表现在如下两个方面：

其一，水质相比于普通的生活污水更恶劣。因冲厕污水在服务区各类污水中所占比例最大，经常超过50%，且具有有机污染物浓度高，氮、磷含量高的特点，导致服务区污水整体污染负荷高；另外，加油站清洗废水、机修废水等也进入了服务区污水系统，导致污水中矿物油、动植物油污染指标增加，因此服务区污水较普通的生活污水成分更加复杂。

其二，污水水质有一定波动性。这与服务区的驶入量有很大关系，服务区常住人员少，污水主要由驶入服务区的驾乘人员产生。车辆的来往具有很大的随机性，驾乘人员在服务区公厕、餐厅、客房、加油站等各不同功能区活动时产生的污水水质差异很大，因此服务区污水水质具有一定的波动性，每时、每天、每月都可能有变化。

3. 污水水量

同一服务区每日不同时段产生的污水水量有较大的波动性，这是因为驶入服务区的车辆具有很大随机性，在交通高峰时段产生的污水水量明显高于其他时段。根据调研结果，安徽省高速公路服务区单侧的污水产生量大多为30～150立方米/天；个别驶入量很小的服务区，单侧污水产生量低于10立方米/天；部分驶入量大的服务区，节假日高峰期单侧污水产生量甚至高于300立方米/天。

7.1.2 服务区污水处理执行标准及工艺选择原则

1. 污水处理执行标准

除距离城镇比较近的少部分服务区可将污水直接排入周边城镇污水管网外，大部分服务区需要建设独立的污水处理系统，污水处理后主要有达标排放和回用两种处置途径，不同处置途径执行的水质标准不同。

服务区污水经处理后排放，根据最终受纳水体功能的不同，需要满足的排放标准也有区别：通过路侧边沟汇入自然水体（Ⅲ类及以下水体）的，执行《污水综合排放标准》（GB 8978—1996），这种情况最为常见；汇入农田沟渠作为农作物灌溉用水的，执行《农田灌溉水质标准》（GB 5084—2005）。需要说明的是，我国有些省市制定了更为严格的地方排放标准，除对 BOD、COD_{Cr}、SS 等指标要求更加严格外，对总氮和总磷也提出了限制性要求。

污水处理后作为杂用水在服务区内回用的，执行《城市污水再生利用　城市杂用水水质》(GB/T 18920—2020)。2016 年我国交通运输行业制定了行业标准《公路服务区污水再生利用　第 1 部分：水质》(JT/T 645.1—2016)，也可以参照执行。通常考虑将污水处理后回用的服务区，可分为以下三种情况：其一，临近水源保护区等敏感水体建设的服务区，根据环保法规要求污水不得外排，必须回用；其二，有些服务区用水量很大，污水处理后回用节水效益显著；其三，有些服务区地下取水困难、地下水位很深，也有中水回用的需求。

2. 污水处理工艺选择

服务区污水处理系统属于小型、分散型污水处理系统，可采用的工艺很多，但每种工艺都有一定的适用范围。服务区污水处理工艺的选择不仅要适应服务区污水的水质与水量特征，也需考虑其建设投资、占地面积、管理水平、区域适用性等，还要充分考虑到满足公路附属设施建设养护的需求。工艺选择主要考虑以下方面：

(1)抗冲击负荷能力强，运行稳定

天气、季节、时段及其他一些特殊状况等均会造成服务区驶入车辆来往随机性波动，导致服务区污水水质、水量发生很大变化，所以选择的污水处理工艺应具备较强的抗冲击能力，在水量大或水质恶劣的情况下也能可靠运行。

(2)操作简单，易管理维护

在选择污水处理工艺时，应尽量简化工艺流程，减少复杂机电设备的应用，减少栅渣、污泥的人工清理工作量，工艺应满足自动化运行水平高且稳定可靠的条件，总体来讲应尽量选用易于管理维护的污水处理工艺。

(3)工程造价合理，运行费用低

污水处理设施一次投资建设通常需要运行十年甚至更长时间，单纯追求工程造价低，与高速公路的建设发展水平不相适应，也会为今后长期运行留下隐患，因此应适当选择先进的处理工艺，且工程造价宜合理。另外，污水处理设施运行费用高一直以来是困扰服务区管理者的主要问题，在目前没有专项运营资金保障的情况下，低运营费用是推动污水处理设施正常运营的重要条件。

(4)因地制宜，灵活考虑占地条件

对于服务区污水处理设施的占地大小，应结合服务区场地条件灵活考虑，选择适宜的污水处理工艺。占地面积不是选择工艺时考虑的绝对条件，因地制宜地结合场地条件选择工艺才是应重点考虑的问题。比如在绿化面积较大的服务区，完全可以结合景观要求采用潜流人工湿地工艺，湿地种植的植物可以部分替代绿地的功能；在山区高速等占地受限的服务区，则可以选择 MBR 工艺，以节约占地面积；污水处理设施若采用常规生化处理工艺的地埋式结构（地埋式一体化设备），可以在其上方进行绿化。

(5)充分考虑气候、地质等自然条件

需要结合当地的气候、地质等自然条件，选择适宜的污水处理工艺。如冬季寒冷地区宜采用适合于低温季节运行的，或在采取适当的技术措施后能于低温季节可靠运行的处理工艺；地下水位高、地质条件差的地方则不宜选用水深大、施工难度高的污水处理构筑物。

(6)技术成熟可靠

服务区污水处理工艺应该尽量选用针对性强、应用成熟、运行安全可靠的工艺。应积极审慎地采用高效经济的新工艺，而且在应用前应进行科研试验和验证，以获取可靠的设计、运行参数，确保应用效果。

7.1.3 服务区污水处理达标排放

1. 常规处理技术

从采用的结构形式上看，安徽省高速公路服务区污水处理设施有地埋式一体化装置和分体式钢筋混凝土构筑物两种形式，且以地埋式一体化装置为主，约占总体的 80%。我国 2005 年前建设的小型污水处理设施采用的都是分体式钢筋混凝土构筑物，2005 年后逐渐有环保厂家将各处理单元集中设置在一个钢罐体中，即“地埋式一体化装置”，实际上这只是这类污水处理装置的统称，具体到每个处理装置，其处理工艺和运行参数都不尽相同。因这类装置不需要建设地上设备间及地下构筑物，通过 PLC 控制可实现自动运行，所以目前在高速公路服务区污水处理中被广泛应用，地埋式一体化装置如图 7-1 所示。

（a）某服务区污水处理地埋式一体化装置实景图

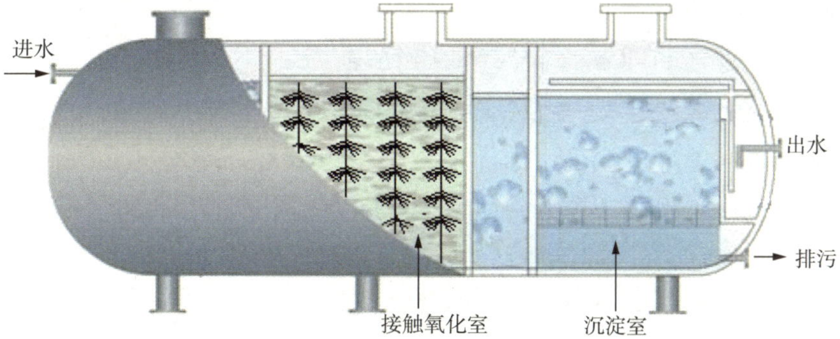

（b）地埋式一体化装置内部结构示意图

图 7-1　地埋式一体化装置

这类地埋式一体化装置具体的处理工艺和运行参数不尽相同，从处理系统采用的污水处理工艺来看，地埋式一体化装置采用的具体工艺为水解酸化-接触氧化、厌氧-好氧(A/O)、厌氧-缺氧-好氧(A^2/O)三种。其中水解酸化-接触氧化工艺应用最广,占比80%以上;A/O工艺应用较少,约占15%;A^2/O工艺极少应用。

安徽省服务区采用这类地埋式一体化装置,从理论上来讲,只要对污水处理设施进行良好的管养维护,保证这些工艺的正常运转,通常情况下污水处理达标排放完全可以实现。但在实际运行中,仍然存在一些需要解决的问题,应当予以重视并妥善解决,主要包括:

(1)装置运行能耗大,服务区支出费用高

在实际调研中发现,服务区采用地埋式一体化装置的污水处理系统,其水泵、风机等运行处理1吨污水消耗的电量经常高于1千瓦·时,有的甚至为3千瓦·时以上,服务区管理者普遍反映运转费用高,不愿承受。通常,我国农村、城镇小区等类似的小型生活污水处理系统采用接触氧化工艺,处理1吨污水的电耗可达0.5千瓦·时以下,而服务区地埋式一体化装置的运行电耗远高于前者,主要有如下两点原因:

其一,服务区污水处理系统的实际处理水量大多远低于设计处理能力,“大马拉小车”的现象普遍存在。污水提升泵出水阀门通常需要部分关闭以减少出水量,才能适应运行工况,水泵的运行通常不在其高效段内,导致水泵电耗增大;鼓风机的曝气能力远大于实际污水处理量的需求,存在过度曝气的问题,同样导致电耗增大。

其二,服务区污水处理系统大多由电工代管,没有专业人员负责运行,设备的维修保养效果很不到位,导致电气设备通常老化严重,造成电耗增加。比如,污水提升泵经常被杂物堵塞,清理不及时会导致叶轮磨损严重,效率降低。

(2)设备选型及安装不当,故障频发

污水处理系统的主要机电设备包括水泵、鼓风机或曝气机、格栅、电气控制柜等,这些机电设备的正常运转是污水处理系统正常运行的先决条件。根据调研结果,对污水处理系统机械设备故障的类型进行了分析,水泵、电气控制柜、风机的故障发生率分别约占60%、20%、15%,其余5%的故障主要是管道阀门锈蚀等,如图7-2所示。

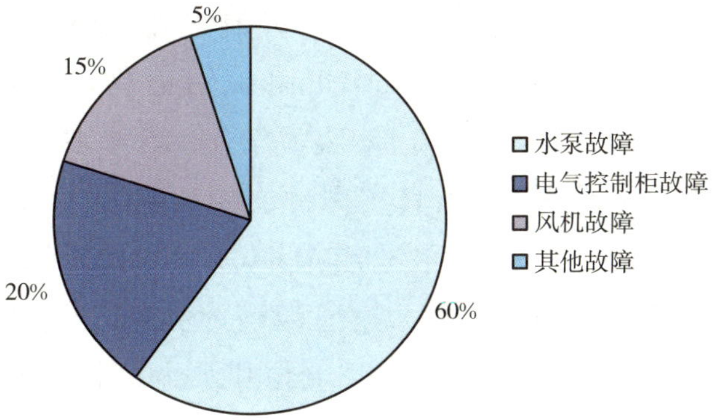

图 7－2　污水处理系统设备故障类型

安装在调节池后的提升泵最易发生故障，主要是因为提升泵前的格栅栅隙过大，不能有效拦截住坚硬、粗大的固体杂物，导致水泵叶轮在运转时卷入杂物，造成频繁堵塞。这不仅会使叶轮磨损严重、效率降低，严重时还会造成水泵叶轮卡机，最终导致水泵电机烧毁等后果。

电气控制柜故障主要是由柜体锈蚀，造成防护功能降低，因而电气元器件损坏导致的。服务区污水处理系统的电气控制柜通常都是就近安装在地埋式一体化装置的附近，露天安装。污水处理系统周边湿度较大，加之日晒雨淋，电气控制柜柜体易发生腐蚀。控制柜中安装的 PLC 控制系统，具有短路、过流、过压、过热、过载等多种保护功能，并且有些具有通过采集液位等信号控制水泵、风机启停的功能，一旦控制柜锈蚀，电气元器件很容易受潮损坏。而 PLC 控制系统的维修需要一定的专业水平，通常服务区电工很难解决，可能导致长时间的污水处理设施不能运转。

风机故障大多是由鼓风机安装在地下，风机室进水导致电机被水淹短路造成的。地埋式一体化装置中的风机，安装在装置分隔出的风机室中，风机室上部设有入孔通向地面。一体化装置施工中，有些入孔盖板高出地面的距离很小，甚至与地面平齐，在下雨时容易造成风机室进水；另外，有些一体化装置锈蚀严重，也导致了污水或地下水渗入风机室。

2. 生化与生态组合处理工艺

(1)生态处理技术

污水生态处理技术是指运用生态学原理，采用工程学手段对污水进行治理的方法，具体地说，就是把污水有控制地排放到土地上，利用“土壤-植物-微生物”复合系统对污水中可降解污染物进行净化的技术工艺。污水生态工程技术有氧化塘、地表漫流、土壤渗滤、人工湿地等，在生活污水处理中最有代表性、最具实用价值的就是人工湿地工艺。

人工湿地是指人工筑成的水池或沟槽，在底面铺设防渗层，在其上填充一定深度的土壤等基质，在水池或沟槽内种植水生植物，污水在基质的孔隙或表面流动时，利用基质、微生物和水生植物之间一系列物理、化学和生物的协同作用净化污水的系统，人工湿地处理技术示意图如图7-3所示。

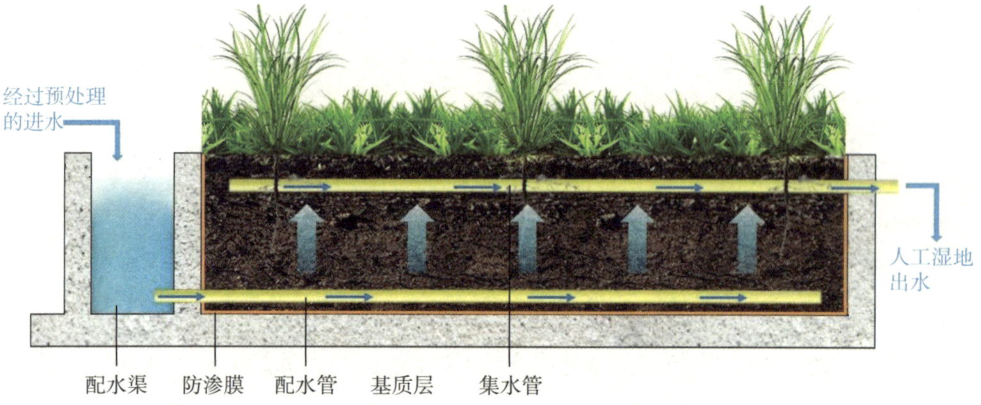

图7-3　人工湿地处理技术示意图

人工湿地作为一种简便有效的污水生态处理技术，具有抗水量冲击负荷能力强、运行管理简单、绿化景观效果好等突出的优点，适应服务区对污水处理系统在水量波动适应性、管理维护简易性、工程建设景观性等方面的要求。目前单一人工湿地在高速公路服务区污水处理中已有少量应用，但是运行效果并不理想，存在着湿地易堵塞、出水水质不佳等突出问题，主要原因包括两个方面：

其一，人工湿地进水未经严格预处理，湿地进水水质不满足相关要求，导致短期内即发生严重堵塞。服务区污水处理采用的“调节池—沉淀池—潜流人工湿地”工艺，在运行初期的数月至一年中，尚能正常运转，实现污水达标排放；但随后湿地进水量逐渐减少，直至丧失进水功能，因为湿地发生了严重堵塞。除湿地填料选配不当外，进入人工湿地前的污水处理工艺过于简化，湿地进水中有机物负荷太高，达不到相关规范要求，是造成湿地短期运行即发生堵塞的最主要原因。《人工湿地污水处理工程技术规范》（HJ 2005—2010）中对潜流湿地进水要求 BOD_5≤80 毫克/升、COD_{Cr}≤200 毫克/升、SS≤80 毫克/升，而服务区污水水质远比这些恶劣，仅经过简单沉淀预处理，对于污水中有机物及悬浮物的去除非常有限，湿地进水水质远达不到规范要求。这就提示我们，若服务区污水处理应用人工湿地，必须强化前处理工艺，在大幅降低悬浮物、有机物污染指标后，保证进水水质满足湿地正常运行要求。

其二，人工湿地负荷参数选取不当，造成出水水质不达标。《人工湿地污水处理工程技术规范》（HJ 2005—2010）中推荐的潜流湿地设计参数 BOD_5负荷为 8～12 克/（平方米・天），北方、南方地区水力负荷分别为 0.2～0.5 立方米/（平方米・天）和0.4～0.8 立方米/（平方米・天），水力停留时间为 1～3 天，且要求按 BOD_5确定湿地面积并满足水力负荷要求。在调研中，大多数服务区人工湿地污水处理系统按湿地面积及有效容积折算出的水力负荷为 0.4～0.6 立方米/（平方米・天），水力停留时间为 1～2 天，可以满足推荐参数要求，但是因为服务区污水的有机物浓度高，湿地实际运行的 BOD_5负荷达 20～50 克/（平方米・天），导致出水难以达标。在服务区污水处理采用人工湿地工艺时，应适当选取较小的 BOD_5负荷参数，保证湿地建设面积，经工程验证后再优化。

目前，人工湿地常用于处理雨水径流以及各类城镇生活污水，我国原环境保护部已发布了《人工湿地污水处理工程技术规范》（HJ 2005—2010）用以指导该项技术的具体应用，可供服务区污水处理系统参考使用。

（2）组合处理技术

服务区污水处理系统常采用的接触氧化工艺，具有有机物去除效率高、稳定性好、运行管理较为简便的优点，但是也存在脱氮除磷效果差、出水水质要求高时系统能耗大的缺点。为进一步降低污水处理系统运行能耗、提高处理效果，可以将接触氧化与人工湿地工艺顺序串联组合。

接触氧化仅作为人工湿地的前处理，可降低其 HRT 及曝气量，节约运行能耗；同时前处理极大降低了人工湿地进水污染物负荷，人工湿地运行因有机物负荷高而易发生堵塞的问题也可得到有效缓解。将接触氧化与人工湿地工艺串联后，形成优势互补的组合工艺，适合公路行业服务区污水处理运营实际需求，在环保要求越来越严格的新时期将有广泛的发展应用空间。

(3)应用案例

某公路小型服务区采用接触氧化结合人工湿地的污水处理系统，设计处理量为 20 立方米/天。

① 处理系统

设计进出水水质见表 7-3 所列，污水处理工艺流程如图 7-4 所示。处理系统在设计中充分利用了地形高差，除调节池设有潜污泵为后续处理单元配水外，污水在其余各单元依次流动时全部为自流，直至最终自流出水排放。主要处理单元一览表见表 7-4 所列。

表 7-3　设计进出水水质　(单位：毫克/升)

项目	COD_{Cr}	BOD_5	SS	NH_3-N	TP
进水	450	200	300	100	5
出水	60	20	20	8	1

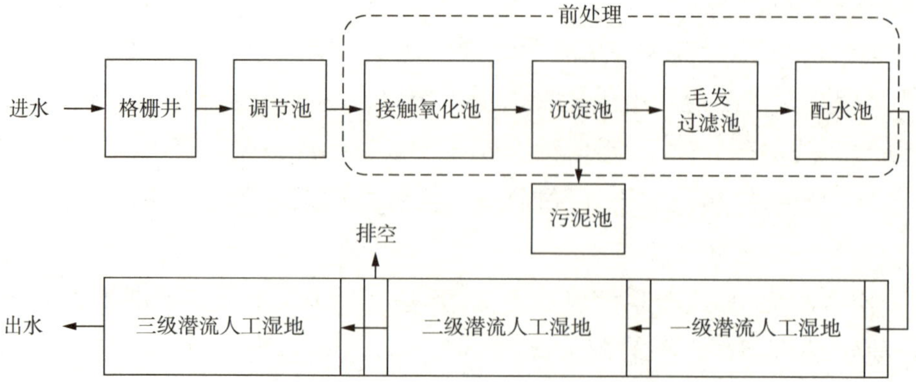

图 7-4　污水处理工艺流程图

表 7－4　主要处理单元一览表

序号	名称	尺寸/米×米×米	数量/座	备注
1	格栅井	2.00×2.00×2.00	1	安装 10 毫米粗格栅、4 毫米细格栅各 1 套
2	调节池	2.00×2.00×3.50	1	设 1 台潜污泵
3	接触氧化池	2.50×2.00×3.50	1	设 1 台潜水曝气机
4	沉淀池	1.50×1.50×3.50	1	设 1 台污泥泵
5	毛发过滤池	0.75×0.75×2.00	1	设 1 套毛发过滤器
6	配水池	0.75×0.75×2.00	1	—
7	潜流人工湿地	5.00×3.50×1.60	3	种植美人蕉、菖蒲、风车草等
8	处理后清水储池	0.8×3.5×1.60	1	设溢流管

该处理系统与普通的人工湿地污水处理系统相比，在三个方面进行了改进：其一，在人工湿地单元前增加了接触氧化单元作为前处理，可有效降低人工湿地的进水有机物负荷，同时接触氧化池中的潜水曝气机运行与调节池潜污泵联动，根据进水情况间歇曝气，有效控制运行能耗；其二，在人工湿地进水前增加毛发过滤器，可有效拦截无法沉淀的漂浮型物质，从而减少湿地堵塞情况的发生；其三，人工湿地分为三座串联，每座之间均设有自由液面的配水渠道，可有效复氧，从而提高湿地的处理效率。

湿地采用上向流布水，从底部进水、上部出水；同时重点考虑了潜流人工湿地填料的组合形式，填料床深度为 1.2 米，由下至上依次为 16～32 毫米砾石 0.4 米、5～10毫米砂砾 0.25 米、5～10 毫米陶粒 0.25 米、种植土 0.25 米、5～10 毫米砂砾 0.05 米。一方面，该配比填料整体具有较大的孔隙率，可有效减少湿地发生堵塞的可能性；另一方面，选用了砂砾、陶粒作为组合填料，可增强对氮磷的去除作用。

② 处理效果

污水处理系统运行后，进水量大部分在 8～20 立方米/天波动，在个别节假日达到了 30 立方米/天，系统处理效果稳定。人工湿地种植的美人蕉、菖蒲、风车草等湿生植物，在实现污水净化的同时营造了自然的景观效果，使污水处理系统与周围绿地融为一体。对污水处理设施运行情况进行了五次跟踪监测，污水处理效果见表 7－5 所列。

表 7－5　污水处理效果　（单位：毫克/升）

点位	COD_{Cr}	SS	NH_3-N	TP
原水	243～376	89～178	38～56	5.3～7.5
接触氧化出水	87～95	—	13～19	3.9～5.8
人工湿地出水	38～45	4～7	1～5	0.05～0.19

污水处理系统进水 COD_{Cr}、氨氮、总磷分别在 300 毫克/升、50 毫克/升、6 毫克/升波动，前处理单元对 COD_{Cr}的去除率在 75％左右，出水 COD_{Cr}在 100 毫克/升以下；对氨氮的去除率在 70％左右，出水氨氮在 15 毫克/升左右；对总磷的去除率较低，在 20％以下，出水总磷仍在 5 毫克/升左右。可见仅采用接触氧化处理工艺，出水有机物可以达到通常服务区要求的《污水综合排放标准》(GB 8978—1996)一级标准要求，但是氮、磷指标尚不能满足该标准要求，距离满足《城镇污水处理厂污染物排放标准》(GB 18918—2002)一级标准还有较大差距。前处理工艺出水再经过人工湿地工艺处理后，进一步提高了出水水质，特别是对去除氮、磷表现出很好的效果，整个工艺对 COD_{Cr} 的去除率接近 90％，出水 COD_{Cr}稳定在 40 毫克/升以下；对氨氮的去除率达到了 95％，出水氨氮在 4 毫克/升以下；对总磷的去除率达 95％以上，出水总磷在 0.3 毫克/升以下，达到了《城镇污水处理厂污染物排放标准》(GB 18918—2002)中一级标准要求。

接触氧化预处理结合人工湿地的组合处理工艺具有运行成本低、管理养护简单、出水水质好等特点，同时兼具景观美化效果，可起到美化服务区环境的作用，在气候适宜地区可在服务区推广应用。

7.1.4　服务区污水处理回用

1. 回用途径

服务区用水中除对盥洗、餐饮用水有必须采用生活用水的严格的水质要，其余冲厕、绿化、机修、洗车及加油站清洗等杂用水均可采用污水经处理后达到回用标准的中水，并且这部分水量通常占服务区总用水量的 60%以上。某建有中水回用系统的服务区中水回用水量平衡示意图如图 7－5 所示，服务区用水中除绿化浇灌用水直接消耗外，其余用水使用后均会产生污水，污水水量约占总用水量的 80%；这些污水经妥善处理后制成中水(中水产水率按 90%考虑)，中水产水量约占总用水量的 70%，可回用于冲厕、绿化、机修、洗车及消防补水等杂用水，这样仅需补充总用水量 30%的新水(市政供水或深井水)就可维持整个服务区的水量平衡，节水效益显著。

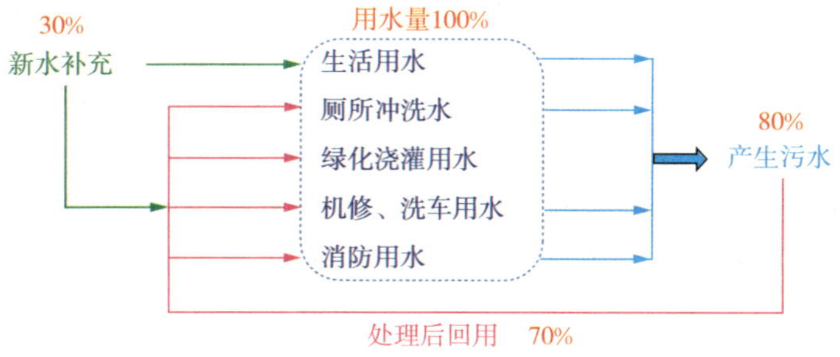

图 7－5　某服务区中水回用水量平衡示意图

2. 回用工艺选择

服务区污水经妥善处理后可以作为杂用水回用于冲厕、绿化、洗车及道路清扫，相比于污水处理达标排放，处理后回用在以下两个方面要求更加严格：其一，满足卫生要求，主要指标有大肠菌群数、细菌总数、余氯量、BOD_5等；其二，满足人们感观要求，即无使人不快的感觉，衡量指标主要有浊度、色度、臭味等。基于此，污水处理回用系统对于技术的选择，主要有两种组合形式：其一，是在常规二级生化处理工艺后设置混凝沉淀、过滤、消毒等单元的组合方式，进一步去除有机物、悬浮物、细菌等；其二，是将二级生化处理与深度处理工艺集成，在同一个高效反应单元完成，最有代表性的就是 MBR 工艺，MBR 典型工艺流程图如图 7－6 所示。需要注意的是，目前服务区管理人员对 MBR 工艺的认可度并不高，除了因其建设投资成本较高外，最主要的问题是运行费用高、膜组件易受污染。因此，该工艺适合在运营管养水平比较高的服务区采用，其突出优点是出水水质优良，可确保达到回用要求。

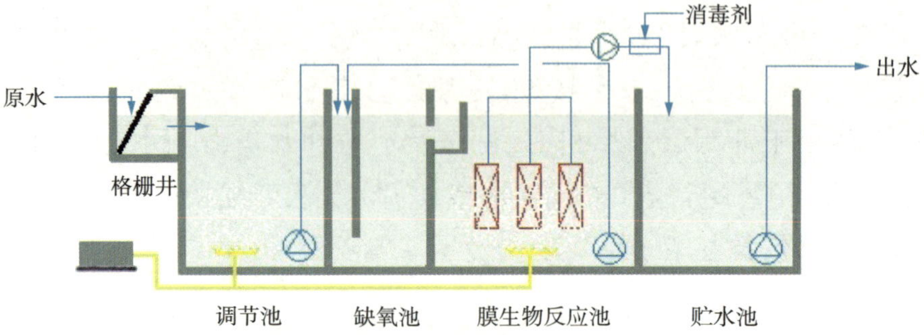

图 7-6　MBR 典型工艺流程图

3. 污水处理回用现状问题

早在“十二五”之初，交通运输部就将高速公路服务区污水处理纳入环保工作重点任务中，此后在各级部门的重视下，服务区污水处理设施的建设取得了长足进步，一些具备条件的服务区也开展了污水处理回用的工程实践，但是由于对服务区污水排放及回用特点认识不清等，建成的设施鲜有可长期稳定运转、满足回用要求的。主要有以下两方面原因：

(1)存在污水处理回用系统运行成本高，使用不经济的认识误区。有些服务区建设有污水处理回用设施，但是管理人员认为其运行成本高、不经济，长期不使用。不可否认，污水处理回用系统的运行成本肯定会高于处理达标排放的系统，但是综合考虑服务区的取水成本，污水处理回用在大部分服务区还是经济的。

其一，节约了水资源费。除极少数毗邻城镇的服务区有条件采用市政管网供水外，大多数高速公路服务区的用水取自地下水。典型地区服务区取水的地下水资源费为 0.6～1.0 元/立方米，有些地区费用更高；若采用中水回用，不仅可以节约一半以上的地下水用量，还减少了这部分用水的取水费用。

其二，节约了取水电耗。随着近年来水资源短缺的问题凸显，地下水位逐年下降，基本取不到浅层地下水，自备井开采深度不断加深，调研发现服务区的地下取水水位大多在 100～200 米；个别严重地区，服务区自备井在地下超过 400 米处才能取到水。根据普通深井泵的工作效率，以从地下 200 米处井深取水为例，提取 1 立方米水至地面原水箱的电耗约 1 千瓦・时；电费按 0.7 元/(千瓦・时)计，则取水电费就达到了 0.7 元/立方米。

虽然污水被处理为中水，较常规的达标排放处理工艺运行费用高，但是类似规模的城市小区等中水回用的技术资料表明，达标排放的污水再经深度处理为中水，增加的运行费用仅为 0.6～1.0 元/立方米。因此，在通过自备井取水，尤其是自备井取水较深的服务区，中水回用在经济上是合理的；对于使用市政自来水的服务区，水费更是达 1.8 元/立方米以上，污水处理回用也是非常经济的。

(2)配套中水供水系统不完善，中水回用用途单一，回用率低。也有部分服务区污水处理后达到了回用水水质要求，但却仅仅作为绿化浇灌用水使用，而未能作为冲厕、洗车用水等实现多用途、全面综合的回用，这是由供水系统的不完善造成的。中水产水受服务区污水排放量和处理设施的运行能力制约，在时间上与杂用水用量并不匹配，虽然设计了中水池可以进行一定缓冲，但是其供水仍存在不稳定性。对于冲厕等必须保障供水的用水点，服务区通常采用供水条件更有保证的自来水。然而，绿化浇灌的用水量非常有限，且季节性变化大，中水单纯作为绿化浇灌水使用，回用率一般不足 20%；冲厕用水量全年与服务区排水量的变化规律一致，并且在各类用水量中所占比例最高，有些服务区的冲厕用水量甚至达 60%以上，因此将服务区中水回用于冲厕，其水资源节约的效益才更加显著。

实际上，通过采取相应措施完全可以提高中水供水系统的保证。比如，在中水池中设自来水或深井水补水管路，当中水池低液位时自动补水，再通过变频供水设备将中水送至冲厕等各用水点。但是，目前在服务区中水回用供水系统中还鲜见采用这样的方式。

4. 应用案例

某服务区位于旅游黄金线路，占地面积为8.4公顷，集餐饮、住宿、购物、加油、汽修、车辆降温等综合性服务为一体，共有停车位322个，交通客流量大。南、北服务区各配套建设1处200立方米/天的污水处理回用设施，设计处理量10立方米/时，采用工艺相同，以下以南区为例进行说明。

① 处理设施

设计进出水水质见表7-6所列，出水满足《城市污水再生利用　城市杂用水水质》(GB/T 18920—2020)要求，回用于冲厕、绿化和洗车。采用“A/O＋生物砂滤＋多介质过滤＋消毒”为核心的工艺，工艺流程图如图7-7所示；处理单元池体采用地埋式钢筋混凝土结构，设备间采用地上框架结构，主要处理单元一览表见表7-7所列。

表7-6　设计进出水水质　　(单位:毫克/升)

项目	COD_{Cr}	BOD_5	SS	NH_3-N	浊度	TP	pH	总大肠杆菌群
进水	450	200	300	100	—	5	6～9	—
出水	—	10	—	10	5	0.5	6～9	3个/L

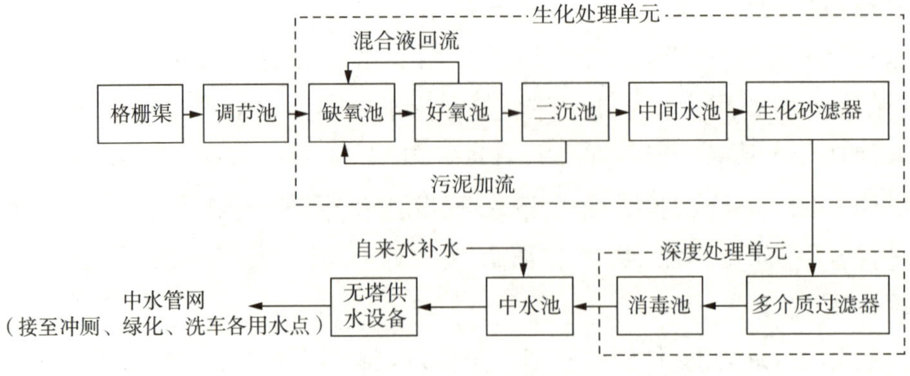

图7-7　工艺流程图

表 7－7　主要处理单元一览表

序号	名称	尺寸(米×米×米)	数量(座)	备注
1	格栅渠	1.60×0.40×1.80	1	安装 4 毫米细格栅
2	调节池	6.50×2.00×5.50	1	设 2 台潜污泵
3	缺氧池	6.50×2.00×5.50	1	设 1 台潜水推流器
4	好氧池	6.50×6.50×5.50	1	设 2 台回流泵,微孔管曝气
5	二沉池	4.00×4.00×5.50	1	设 2 台污泥回流泵
6	中水池	2.25×2.00×5.50	1	设 2 台潜污泵
7	生物砂滤器	ϕ0.8×3.0	1	在设备间安装
8	多介质过滤器	ϕ0.8×2.0	1	在设备间安装
9	消毒池	1.50×1.00×5.50	1	臭氧消毒,出水补余氯
10	中水池	2.25×4.00×5.50	1	—
11	设备间	5.00×11.00×4.20	1	设消毒剂投加装置、鼓风机、中水供水设备

该处理设施与其他采用类似工艺的污水处理回用设施相比,在 3 个方面进行了改进:其一,生化处理单元在 A/O 工艺后增加了生物砂滤,可以进一步提高对有机物的去除效率,并且具有很好的脱氮效果;其二,采用臭氧消毒的方式,在消毒的同时可以实现对有机物的深度降解,并且具有很好的脱色效果;其三,在中水池增加了自来水补水管路,中水供水稳定可靠,可全面用于冲厕、绿化、洗车。

② 处理效果

污水处理系统运行稳定后,一年内分 6 个时段对其进行了跟踪监测,污水处理效果见表 7－8 所列。

表 7－8　污水处理效果　　　　(单位:毫克/升)

点位	COD_{Cr}	BOD_5	SS	NH_3-N
原水	452～576	163～251	364～422	81～142
生化处理单元出水	48～63	13～21	8～20	5～8
深度处理单元出水	31～45	5～10	2～8	3～7

污水处理设施进水 COD_{Cr}、BOD、SS 及 NH_3-N 分别在 500 毫克/升、200 毫克/升、400 毫克/升及 100 毫克/升小幅波动，"A/O＋生物砂滤"生化处理单元出水各指标基本稳定在 60 毫克/升、20 毫克/升、20 毫克/升、8 毫克/升以下，生化处理出水完全可以达到《污水综合排放标准》(GB 8978—1996)一级标准要求；生化处理出水再经"多介质过滤＋消毒"深度处理后，进一步提高了出水水质，整个工艺出水 COD_{Cr}、BOD、SS 及氨氮基本稳定在 45 毫克/升、10 毫克/升、8 毫克/升、7 毫克/升以下，出水完全满足《城市污水再生利用　城市杂用水水质》(GB/T 18920—2020)中最严格的水质要求。

③ 费用分析

污水处理回用设施(不含中水回用管网)总投资 180 万元，包含设施的土建、设备及安装工程费用。设施的运行费用包括电费、药剂费、人工费、设备维护费、污泥处置费等，运行一年中实际平均处理水量为 110 立方米/天，运行费用一览表见表 7-9 所列。

表 7-9　运行费用一览表

序号	项目	运行费用	
		金额/万元	说明
1	电费	3.75	提升泵每天运行 4 小时；潜水推流器 24 小时运行，风机和污泥回流泵每天运行 12 小时；污泥泵每天运行 2 小时；过滤器、消毒装置每天运行 4 小时。每天平均用电 120.95 千瓦·时(单价为 0.85 元/千瓦时)，每天平均电费为 102.81 元，年用电费为 3.75 万元
2	药剂费	0.53	深度处理回用时投加氯化铁及消毒剂，年药剂费为 0.53 万元
3	人工费	1.20	由服务区经理兼职管理，另一个服务区临时人员日常巡视维护，增加的人工费为 1.20 万元
4	设备维护费	1.40	在 2 年保修期内，无此项费用发生(依据签订的建设工程施工合同)；后期主要是泵和风机的维修，污水泵及污泥泵按每年维修 4 次计算，需维修费用 0.8 万元，风机按每年维修 2 次计算，需维修费用 0.30 万元，其他设备维护费用为 0.30 万元，维护费用合计 1.40 万元

（续表）

序号	项目	运行费用	
		金额/万元	说明
5	污泥处置费	0.60	格栅池杂物每 3 天清理一次，由服务区人员自行清理，量少时存放于服务区垃圾池，不产生费用；剩余污泥每 4 个月由环卫车抽吸一次，每次 0.20 万元，年清理费用0.60 万元
合计/万元		7.48	

注：目前设备尚在保修期内，实际未发生维护费用；考虑保修期外情况，对维护费用进行了估算。

由表 7－9 可知，设施的年运行费用为 7.48 万元，实际吨水运行成本为 1.86 元，电费占全部运行成本的 50％。服务区的用水来自深井取水，取水深度为 52 米，建设污水处理回用设施前，南区年取水量为 4.84 万吨，年取水用电量约 1.95 万千瓦・时；建成污水处理回用设施后回用约 70％的处理后水，年取水量节约 2.81 万吨，直接节约地下水水资源费 2.81 万元，取水用电 0.96 万元。

设施的年运行费用减去节约的取水费用，实际增加的年运行费用为 3.71 万元，折算成每吨水实际增加的运行成本为 0.92 元。通常污水处理达标排放的每吨水直接运行费用也在 1 元左右，所以处理后回用并未增加运行费用。另外需要指出的是，随着回用率的提高，或者地下取水深度的增加，中水回用的经济性会进一步显现。

7.2　雨洪利用

7.2.1　海绵服务区概念

低影响开发（Low Impact Development，LID）是指在场地开发过程中采用源头、分散式措施维持场地开发前的水文特征，也称为低影响设计（Low Impact Design）。低影响开发理念，最初是强调从源头控制径流的，但随着低影响开发理念及其技术的不断发展，加之我国城市发展和基础设施建设过程中面临的城市内涝、径流污染、水资源短缺、用地紧张等突出问题的复杂性，在我国，低影响开发的含义已延伸至源头、中途和末端不同尺度的控制措施。因此，从广义来讲，低影响开发指在场地开发建设过程中采用源头削减、中途转输、末端调蓄等多种手段，通过渗、滞、蓄、净、用、排等多种技术，实现场地良性水文循环，以提高对径流雨水的渗透、调蓄、净化、利用和排放能力，维持或恢复场地的“海绵”功能。

近年来低影响开发理念也开始尝试在服务区建设中应用，引申出了“海绵服务区”的概念，即在服务区内通过透水铺装、下沉式绿地、种植屋面等措施，增加雨水入渗量，让雨水的自然循环更加顺畅。同时将服务区硬化路面、屋面的初期雨水弃流后，收集较洁净的后期径流雨水，进入雨水收集设备，处理后达到回用标准用于绿化浇洒及道路冲洗。将防、排、蓄、渗、滞等策略合理地结合起来，大大减轻了服务区的雨水排水压力，有利于减少服务区内涝的发生，保证其使用功能不受暴雨等不利天气的影响。

7.2.2 服务区雨洪利用技术措施

以常见的后置式服务区为例，某服务区雨洪利用典型技术措施示意图如图 7－8 所示。

轻型路面可采用透水沥青铺装，停车位根据需要选择性地采用透嵌草砖、透水砖、鹅卵石、细碎石等材料。透水铺装能有效降低服务区路面的地表雨水径流量，从而有效减轻服务区地下排水管网的压力，同时显著提高雨水的入渗量，有效实现对地下水的补充。

同时，利用原本高程较低的设备房周边绿地，可设置下沉式绿地。下沉式绿地下凹深度为 0.15 米，溢流口高显 0.1 米，设置溢流管排除溢流雨水；绿地内选择种植耐淹、耐涝的草本植物。通过下沉式绿地可以对地表雨水径流实现有效滞留和调蓄，同时能达到净化雨水和促进雨水下渗的作用。

图 7 - 8　某服务区雨洪利用典型技术措施示意图

另外，沿服务区围墙边缘设置植草沟，以代替传统的雨水口和排水管网，将雨水引入小区外边沟排放。植草沟是指种植植被的景观性地表沟渠排水系统，地表径流以较低流速经植草沟持留、植物过滤和渗透，雨水径流中的多数悬浮颗粒污染物和部分溶解态污染物会被有效去除，排入受纳水体的雨水水质便得到有效净化。

此外，服务区硬化路面及主要单体屋面汇集的雨水，首先通过自动弃流过滤装置拦截降雨初期径流，屋面弃流通常采用 2～3 毫米径流厚度，地面弃流采用 3～5 毫米径流厚度。当拦截的水量达到设定值时弃流结束，雨水进入收集池；雨水收集池内设有雨水提升泵，将雨水提升至雨水处理器，处理后的水自流进入清水池；清水由清水池内的清水泵加压并经紫外线消毒器消毒后供回用水管网。典型雨水回用系统流程图如图 7 - 9 所示。

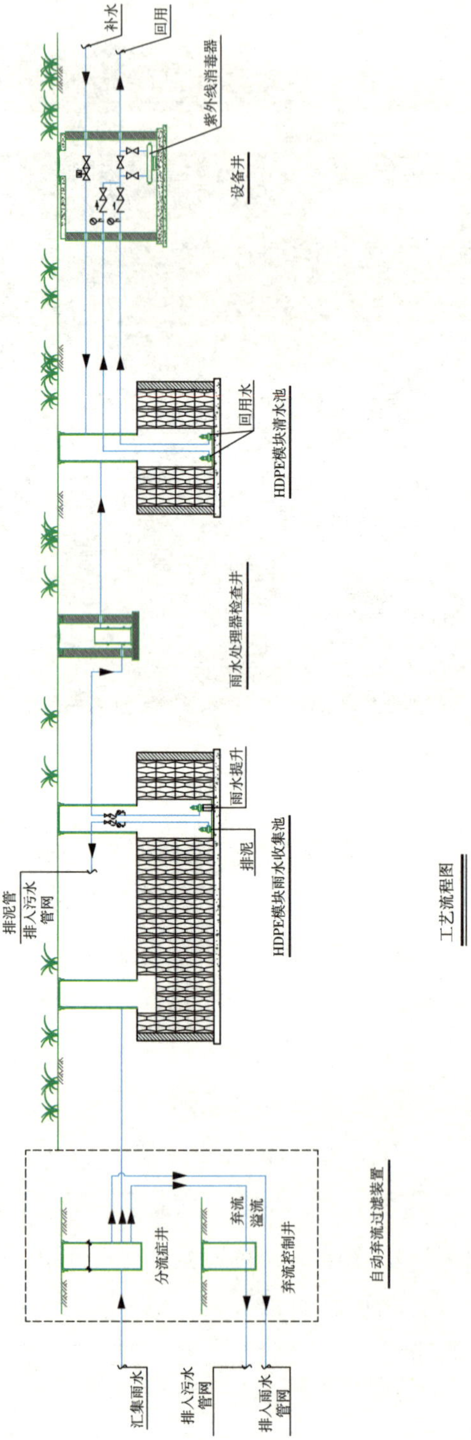

图7-9 典型雨水回用系统流程图

7.3　垃圾收集处理

随着广大出行旅客对生活品质需求的提高，其对高速公路服务区的休闲环境、商品、餐饮等的要求也越来越高，这也促使服务区的商业业态不断丰富，商品种类日益增多，这在一定程度上增加了高速服务区的垃圾种类和数量。在服务区落实好垃圾分类收集，建设完善的垃圾暂存设施，通过适当手段进行资源化再利用或最终委托环卫部门外运处置，才能有效防治垃圾污染。

7.3.1　服务区垃圾产生情况

服务区垃圾分为餐厨垃圾、可回收垃圾、有害垃圾、其他垃圾四类。餐厨垃圾包括剩菜剩饭、骨头、菜根菜叶等食品类废物，可回收垃圾包括纸类、金属、塑料、玻璃等，有害垃圾包括废电池、废日光灯管等，其他垃圾是上述三类垃圾之外的(如废弃食品袋或食品盒、废弃保鲜膜、废弃纸巾、砖瓦陶瓷、灰土、烟头、卫生间废纸等)难以回收的废弃物。

不同服务区垃圾产生量差别很大，且与服务区车辆驶入量及服务区提供服务的能力有很大关系，大多数服务区每天的垃圾产生量有几百公斤甚至是几吨。节假日服务区的垃圾量会显著增多，在春节等特殊假日，有些服务区的垃圾量甚至达日常垃圾量的数十倍。

7.3.2　服务区垃圾分类收集

服务区垃圾分类收集桶应按标准化设置，分类分别收集餐厨垃圾、可回收垃圾、有害垃圾、其他垃圾。垃圾分类收集桶应合理布设在服务区场内，方便人员使用。除餐厨垃圾外，其余三类垃圾收集后，仍应分类堆放在服务区垃圾站，由环卫部门及时清运。

分类收集后餐厨垃圾后续可经生物技术制成堆肥用于绿化或农用，可回收垃圾后续交给环卫部门通过综合处理回收利用，节约资源，有害垃圾需要后续交由环卫部门采取特殊技术进行安全处理,其他垃圾后续交由环卫部门采取卫生填埋方式进行处理。

7.3.3 服务区垃圾处理技术

1. 常见垃圾处理方法在服务区的适用性分析

防止固体废物污染的主要原则是采用各种措施对固体废弃物进行处理,使其“无害化、减量化、资源化”。固体废弃物的处理过程采用了物理、化学、生物、物化及生化方法,把其转化得适于运输、贮存、利用或处置。由于固体废弃物成分复杂,其物理性状(体积、流动性、均匀性、粉碎程度、水分、热值等)变化也大,要达到“三化”目标也非常困难。

固体废弃物通常的处理方法包括垃圾焚烧、垃圾堆肥、垃圾卫生填埋。

垃圾焚烧是指将垃圾中的有机物,在焚烧炉中进行有氧化的燃烧,在高温下一些有毒有害的物质经氧化或热解被破坏,其实质是碳、氢、硫等元素与氧发生的化学反应;垃圾焚烧时,释放出热能,同时产生烟气和固体残渣,产生的热能可以被收集回用。但是,焚烧过程中会产生二噁英等有害气体,烟气治理难度大、要求高,小型焚烧炉通常就能满足服务区的垃圾处理量要求,而这类小型设备通常焚烧效率不高,产生的烟气危害更大,采取一般烟气处理措施很难满足环保要求。所以,垃圾焚烧并不适合服务区采用,若采用须妥善解决好焚烧烟气的治理。

垃圾堆肥是在人工控制条件下,给微生物提供一定的水分、养分和空气,通过微生物将有机物分解成为肥料,同时产生热量,杀死垃圾中的病原微生物,并使残余物质稳定。垃圾堆肥处理后,可以达到无害化的要求,并可以将肥料进行再利用。垃圾堆肥只能针对易进行生物降解的有机物,而服务区垃圾中废旧纸张、渣土等占较大比例;堆肥周期长、占地面积大,容易对环境造成二次污染,而服务区人员密集,对环境质量要求高;此外,堆肥的肥效低,在服务区仅能用于绿化。所以综合来讲,在服务区并不提倡采用垃圾堆肥方法。

垃圾卫生填埋是为防止污染地下水和大气，利用坑洼地填埋垃圾，填埋的重点是采取严格的措施以隔绝垃圾与周围环境，避免造成环境污染，并妥善处理产生的垃圾渗滤液。服务区并不具备卫生填埋的条件，通常需要将垃圾交由环卫部门运送到指定垃圾填埋场进行卫生填埋。

2. 服务区垃圾处理方法

虽然常规的垃圾焚烧、堆肥方法并不完全适合于处理服务区垃圾，但是近年来一些新兴的垃圾处理技术，针对某种类型或某种性质的垃圾，可以提高其资源化、减量化水平，服务区可以借鉴采用。

(1)餐厨垃圾处理

餐厨垃圾，俗称泔水、潲水，主要成分包括米和面粉类食物残余、蔬菜、动植物油、肉骨等，极易腐烂变质，散发恶臭，传播细菌和病毒。为加强餐厨废弃物管理，国家出台了不少法规规定，如“各地要对餐厨废弃物实行统一收集、密闭运输、集中处理、闭环监管，严防未经无害化处理的餐厨废弃物流入养殖环节”，并“督促有关单位做好餐厨废弃物产生、收集、运输、存储、处理等全链条的工作记录，强化监督检查和溯源追踪”，服务区对于餐厨垃圾也应严格执行以上规定。

目前国内已有小型餐厨垃圾处理设备运行，该设备包括暂存料仓、螺旋进料、破碎脱水、发酵、螺旋出料等单元，核心是发酵单元。餐厨垃圾经过十几小时至几十小时的处理后，最终可减量至 10%以下，产出有机肥。有机肥可作为绿地或农田的肥料使用。

(2)垃圾压缩处理

每到节假日，尤其是长假，高速服务区的垃圾处理都成了难题。假期服务区内人流量大，无论人们是自驾还是选择公共交通，一到服务区，各类食品包装、生活垃圾都被扔入垃圾桶。服务区不同于其他产生生活垃圾的场所，垃圾运输十分不便捷，难以在短时间内进行处置。近年来，升降式垃圾压缩装置开始在服务区内应用，可有效缓解服务区垃圾量大、清运困难等问题。某服务区垃圾压缩处置如图 7－10 所示，垃圾压缩装置可将收集到的垃圾集中压缩后再存储起来，垃圾经过压缩后，体积变小了，压干后的垃圾存储在垃圾箱中，垃圾箱全封闭式埋于地下，地下温度低，干式存储的垃圾不易腐烂，无臭无鼠害，也没有蚊虫滋生。垃圾压缩过程中产生的渗滤液，通过管道排入污水管网，最终进入服务区污水处理站被集中处理，有效防止了垃圾堆放过程中产生的二次污染。

(a) 地埋升降式垃圾压缩机

(b) 垃圾压缩机站房

图 7-10 某服务区垃圾压缩处置

垃圾清运是全自动运行的，人工只需操作按钮，埋在地下的垃圾箱可立即从地下弹出来，与垃圾清运车辆对接，整个运输过程无须任何人工干涉，地面也无垃圾残留，干净又环保。

第 8 章　服务区功能拓展

随着高速公路网的日益完善，大众旅游、自驾游的出行更加便捷，出行人群快速增长，同时随着经济社会的快速发展，高速公路出行群体的消费能力也在不断攀升。面对日益庞大的高速公路消费群体，服务区在做到基本功能完善、服务到位的基础上，也需要针对驾乘人员不断变化的消费需求合理配置相关功能，对传统的经营业态进行补充、调整和优化，充分开发和利用自身资源，拓展商业、旅游、文化等多种业态，实现社会效益和经济效益的双赢，促进服务区的可持续发展。

安徽省驿达高速公路服务区经营管理有限公司（以下简称“服务区经营管理公司”）成立于 2005 年 11 月，是安徽省交通控股集团的全资子公司，公司目前经营管理服务区（含部分停车区）104 对，占安徽全省服务区的 90％以上，是安徽省最大的服务区经营管理企业。面对服务区的准公益性定位和企业自身经营压力，服务区经营管理公司积极做好服务区各项公共服务，为高速公路通行做好保障，同时提高自身经营能力，逐步解决不平衡、不充分发展问题，不断满足人民群众对美好出行的需求，在服务区业态拓展方面开展了有益的探索。以下内容主要围绕服务区经营管理公司的工作实践进行介绍。

8.1　服务区与旅游

服务区经营管理公司积极与旅游部门对接，挖掘服务区属地旅游元素，拓展服务区旅游新功能，在“服务区＋旅游”融合发展方面做了一些尝试。

8.1.1　打造服务区汽车营地

以“与旅游景点零距离”为目标，选择周边景点集中的服务区，建立了齐云山、天柱山自驾游汽车营地，营地设有房车停车位、上下水等设施，为自驾游出行者搭建了具备补给、休闲、开展团队活动等功能的中转站。积极与旅游行业协会对接，在肥东、龙门寺服务区设立了自驾游接待中心。肥东服务区自驾游与露营分会接待中心如图 8 - 1 所示，房车地停车位如图 8 - 2 所示。

图 8 - 1　肥东服务区自驾游与露营分会接待中心

图 8 - 2　房车营地停车位

此外，还在携程、途牛等网络平台上发布汽车旅馆预定业务。另有 19 对服务区也开设了汽车旅馆，共计提供客房 260 间，床位 484 个，为驾乘人员在高速的住宿提供了新的选择。齐云山服务区汽车营地星空如图 8－3 所示。齐云山服务区汽车旅馆如图 8－4 所示。

图 8－3　齐云山服务区汽车营地星空

图 8－4　齐云山服务区汽车旅馆

8.1.2 拓展服务区旅游功能

加强旅游信息服务，在20对服务区设置查询机，在肥东、九华山服务区设置旅游咨询台，方便查询周边旅游景点和交通路线；天门服务区开通了九华山景点门票销售服务。创新旅游服务项目，在肥东服务区设立了肥东旅游文化馆，在颍上服务区设立了管子旅游文化馆，融合旅游文化、旅游产品，搭建展示地方旅游资源的窗口。打造旅游服务区，完成龙门寺、新桥服务区旅游化改造方案设计，完成丰乐服务区汽车营地的改造；九华山服务区获评“2019全国高速公路旅游特色服务区”，服务区卫生间获评“AAA”旅游公厕、“池州市十佳”旅游公厕。2019年全国高速公路旅游特色服务区如图8-5所示。池州市十佳旅游公厕如图8-6所示。

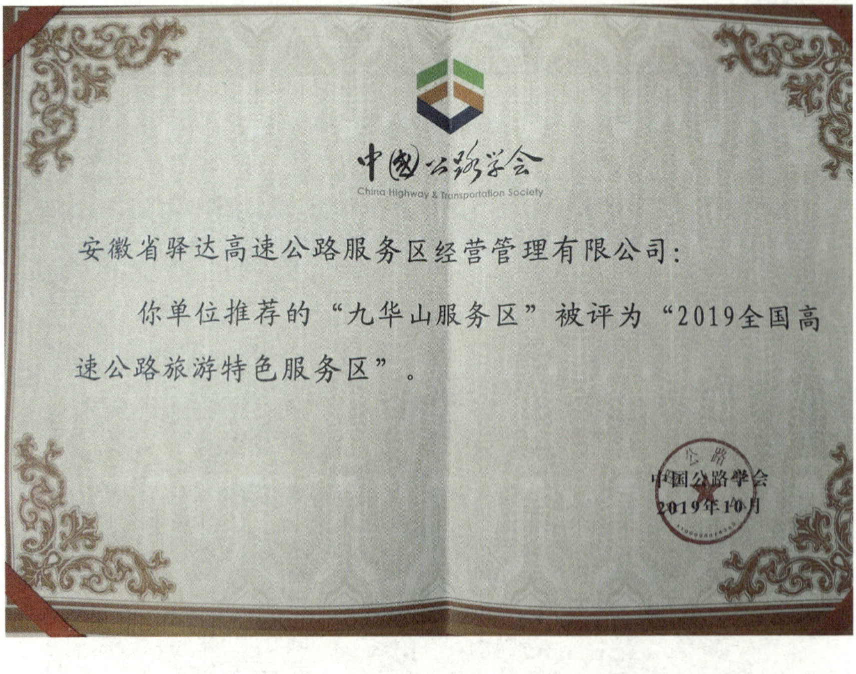

图8-5 2019年全国高速公路旅游特色服务区

图 8 - 6　池州市十佳旅游公厕

8.1.3　在服务区展示地方旅游资源

积极与地方政府对接，将地方文化带进服务区。完成庄里服务区的改名工作，选取地方景区名称，改名为皇藏峪服务区；在巢湖（图 8 - 7）、

图 8 - 7　巢湖服务区安徽名人馆

丰乐、福山、砀山、颍上服务区引进地方文旅展厅，展示地方特色文化、旅游景点及特产；在呈坎、太平湖、宿松、颍上等服务区配合地方政府，对服务区进行旅游化改造，增强旅游服务功能，展示地方旅游景点。黄山旅游体验馆如图 8-8 所示。

图 8-8　黄山旅游体验馆

8.2　服务区与文化

深挖服务区地方文化，将服务区与地方文化符号相结合，充分展示地方文化特色，发挥服务区的地方窗口效应。

8.2.1　建设主题文化特色服务区

服务区在装修风格、商业构成、建筑特色等层面与地方文化相融合，建设了一批颇具地方文旅特色的服务区，其中包括九华山佛教主题文化特色服务区，香铺黄梅戏主题文化特色服务区，符离鸡文化主题特色服务区，肥东廉政主题文化特色服务区，八公山豆腐主题文化特色服务区（图 8－9），梅山红色之乡主题文化特色服务区，休宁、呈坎徽州主题文化特色服务区等。

图 8－9　八公山服务区豆腐文化馆

8.2.2　开展地方文化主题活动

服务区充分利用窗口宣传展示安徽地方文化，按照“一区一特色、区区有文化”的设计理念，打造了以佛教文化为主题的九华山服务区，精心为过往旅客安排“禅茶”“禅舞”表演或者讲经活动；在香铺服务区搭建黄梅戏大舞台（图 8－10），为驾乘人员表演经典黄梅戏曲目，引入六尺巷微缩景观，增进旅客对安徽旅游资源的认知，增强安徽旅游吸引力。

在节假日期间，定期在服务区开展属地特色文化活动。结合肥东包公故里、凤阳花鼓、安庆黄梅戏、九华山佛教圣地等元素，在服务区开展相应的主题活动，在活跃服务区氛围的同时，向驾乘人员展示地方特色文化的魅力。

图 8－10　香铺服务区黄梅戏大舞台

8.3　服务区与新能源

8.3.1　建设电动汽车充电桩

随着电动汽车的普及，驾驶电动汽车出行也成为很多车主的选择，但在高速公路上行驶时，电动汽车的充电成为困扰司机的难题。从 2015 年开始，服务区经营管理公司就与国家电网合作，率先在新桥、肥东、龙门寺、香铺、九华山等 21 对服务区建设了充电桩（图 8－11）。5 年来，服务区不断加快充电基础设施建设，目前服务区经营管理公司所辖服务区中共有 96 对服务区建设了电动汽车充电站，基本实现全覆盖。电动汽车充电支付方式也非常方便，司机通过自助终端自主选择支付方式，可以使用在国家电网办理的充电卡支付，也可扫描二维码通过微信、支付宝支付，在安徽高速实现了电动汽车放心跑的目标。

图8-11 服务区充电桩

8.3.2 建设服务区光伏发电

分布式太阳能光伏发电是一种新能源综合利用技术，在高速公路服务区具有较好的推广应用前景。

由安徽交控路网新能源有限公司组织建设的安徽高速服务区分布式光伏电站项目一期工程于2016年7月25日开工，2017年3月28日全部并网发电，电站目前已通过交工验收，一期电站共建成新桥、西桥、徐集、罗集、长岭关、霍山、梅山、天堂寨、河口9对光伏电站，装机容量共2.758兆瓦。截至目前，一期工程电站累计发电量为320.46万千瓦·时(2017年12月31日并网发电)，日等效小时为3.18小时。屋面光伏发电如图8-12所示。

图 8－12 屋面光伏发电

8.4 服务区与特色产品

2013 年，服务区经营管理公司创立了自有品牌“惠驿佳”（图 8－13），开发了五个自有产品系列：惠驿佳安徽特产系列，包括惠驿佳豆腐乳、惠驿佳黄山烧饼、惠驿佳铜陵生姜、惠驿佳香辣菜等安徽精品特产共计 50 多种；惠驿佳纸品系列，包含软抽、盒抽、手帕纸三个类别；惠驿佳安徽名茶系列，包含黄山毛峰、祁门红茶、天方硒茶、黑茶、茉莉绿茶、苦荞茶六大类别；惠驿佳饮用天然水；惠驿佳扑克、惠驿佳汽车玻璃水。

惠驿佳历经发展，现已拥有单品数 60 余种，每年以 20%～50%的速度增长。近年来，不断推进土特产销售和引进工作，主要举措包括：其一，扩大土特产商品在服务区的陈列面积，积极与安庆联河米业公司沟通对接，达成专柜陈列合作事宜，大大提升土特产品陈列形象知名度和陈列面积；其二，扩大原有在服务区经营的土特产销售范围，将舒城县阙店乡转水湾村香椿扶贫产品由原有的 5 对服务区销售推广至所有服务区销售，销售覆盖面大大提升；其三，积极与各地扶贫办联系，龙门寺便利店迎来长丰县“马郢社区专柜”，肥东便利店设立贫困县地方特产专

图 8－13　“惠驿佳”超市

柜，引入“三个农民”、岳西特产，辛集便利店与当地铜关粉皮特产销售人员积极对接合作，推进扶贫工作。

此外，服务区积极落实省旅游局、商务厅联合开展的知名品牌旅游商品“五进”工作，打造旅游商品集散地。目前，服务区全面开展对于地方特产的销售，特产种类超过 500 种，并重点在八公山服务区搭建“淮南旅游商品总汇”，集中展示淮南的历史文化、旅游景点及淮南地方产品；在龙门寺服务区打造户外用品生活馆，提供齐全的户外旅游装备；在九华山服务区打造禅林阁，展销佛教文化旅游产品；在 20 多对服务区引进关于八公山豆腐、符离集烧鸡、铜陵生姜等 70 多个地方特产的专卖店，有力带动旅游产品的销售。

8.5　服务区与扶贫

服务区经营管理公司认真落实党中央和省委省、政府精准扶贫工作精神，履行国企社会责任，通过搭建平台、吸纳就业、爱心公益，带动地方经济发展，解决群众就业问题，帮助困难人群。从 2013 年开始，服务区经营管理公司不断加大扶贫工作力度，积累精准扶贫经验，逐步形成了“原产地特色展销＋订单采购＋便利店连锁推广＋贫困人口就业＋爱心帮扶助困”五位一体扶贫模式，立体化打造高速公路精准扶贫新窗口。主要举措包括以下几个方面。

其一，搭建原产地展销馆，帮助解决地方企业销售困难问题。重点发挥产品展销、地方展示、文化旅游宣传等的综合作用，与省内国家级贫困县开展深度合作，引进更多地方知名品牌。在香铺服务区设立国家级贫困县地产品展销中心，汇集了 5 个贫困县的地产品，销售干货、粮油等上百种地方农副产品。产品主要来自各个贫困县的专业合作社，借助服务区，这些品质优良、价格实惠的产品被更多旅客认识和购买，拓宽了销售渠道。目前已有 8 对服务区建立了贫困地区产品展销馆（图 8－14、图 8－15）。除此之外，服务区经营管理公司还利用服务区客流高峰期，如春节、劳动节、国庆等假期，举办短期特色农产品展销。

其二，利用便利店连锁推广功能，帮助解决企业产品投放难问题。利用全省 204 家万佳便利店的连锁销售渠道，上架的扶贫产品有 450 种

图 8－14　肥西印象扶贫文旅店

图 8 - 15　砀山土特产店

之多。设置了“精准扶贫”专柜展销区，引进了当地“合作社＋贫困”企业生产的红薯粉条、小花茶叶、木耳、粮油等 80 余种特色农产品。

其三，订购农产品，帮助解决家庭生产效益转化难问题。服务区积极响应政策号召，纷纷采购疫情受困地区的农副产品，当得知颍上县卜林村、太湖县栗树村农产品受疫情影响出现滞销后，服务区经营管理公司立即组织订购鸡蛋、菊花茶等产品，作为员工的实物福利予以发放。各服务区也结合经营需求开展爱心助农活动，积极对接当地受困企业，收购其农副产品用作餐饮原辅材料，通过“以购代捐”“以买代帮”等方式，积极拓宽产品销售渠道，初步确定的下半年采购计划金额已达 20 多万元。

其四，吸纳贫困人口就业，帮助解决农村老弱人口就业问题。服务区坚持“当地招聘、就近用工”的原则，优先招聘建档立卡贫困户员工，给予的待遇也比其他员工稍高，吸收了一批贫困地区群众使其在家门口实现就业，让他们在照顾家庭的同时，还有一份稳定的收入，解决部分留守儿童以及家庭不和谐等方面的问题。在寒暑假，服务区还积极联系当地村、社区，给贫困家庭的大学生提供兼职岗位，每年寒暑假均有数十名贫困大学生临时成为服务区收银员、疏导员和服务员，有的应届大学生在服务区完成了就业实习。据统计，服务区累计招聘的贫困人口达上千人，其中零就业家庭近200户。

其五，爱心帮扶，帮助解决部分贫困人口的托底问题。各服务区一共成立了80多支志愿服务队，长期帮助周边贫困家庭、空巢老人和留守儿童。同时，公司也不断加强党团阵地建设，在香铺服务区设立党群服务中心，在肥东服务区设立“青年之家U+幸福驿站”，依托这些平台开展爱心助学活动，通过爱心格子铺、微心愿认领等形式募集资金，帮助困难学生。

8.6 服务区与物流

服务区深化“服务区+物流”发展思路，创新服务内容，将服务区与物流融合发展。

8.6.1 建设服务区候机楼

在新桥服务区建设了国内首个服务区候机楼（图8-16），区内设值

图8-16 新桥服务区候机休息室

机中心，实时发布航班信息，提供订票、购票、改签、登记牌办理、航空信息咨询、候机等服务。每天发送 9 趟机场往返班车，根据客流实时调整班线密度，乘客可在新桥服务区购票后直接在服务区乘车前往新桥机场。皖西、豫东南、鄂东地区的乘机旅客，在新桥服务区即可办理登机手续，通过机场班车直达合肥新桥机场，较传统出行方式可节省一个半小时。

8.6.2　客运检查站与接驳站

服务区积极践行交通运输部关于进一步做好长途客运接驳运输试点工作的要求，在肥东、颍上、釜山等服务区设立客运接驳站，乘客可在服务区内换乘车辆。同时，在凌晨 2 点至 5 点客运班车禁行时段，客运单位通过“换人不换车”的形式继续提供服务，在保障安全的前提下，提升长途客运的流转速度，更好地服务乘车旅客。在太白岛服务区设立了换乘中心，方便太白岛服务区周边居民乘车出行。

另外，服务区与汽车站合作，在新桥服务区与龙门寺服务区设置客车检测站，复验客运班车载客、安全信息，对长途客运车辆进行源头管理监督和服务，筑牢道路客运安全防空网。

8.6.3　建设“司机之家”

2019 年 4 月，《交通运输部办公厅　中华全国总工会办公厅关于进一步做好“司机之家”建设和验收工作的通知》下发。服务区响应相关号召，积极改善货车司机工作、休息环境和条件，满足其“喝口热水、吃口热饭、洗个热水澡、睡个安稳觉”的需求，先后在辛集、皇藏峪、丰乐服务区设立了司机服务中心，中心面积约 100 平方米，设置休息、洗浴、休闲等功能区，配置洗衣机、饮水机、电视、沙发、桌椅、衣帽柜等家居以及书籍、绿植等物品，特别开辟“交通安全教育园地”，为长途运输群体提供专业服务（图 8 - 17）。

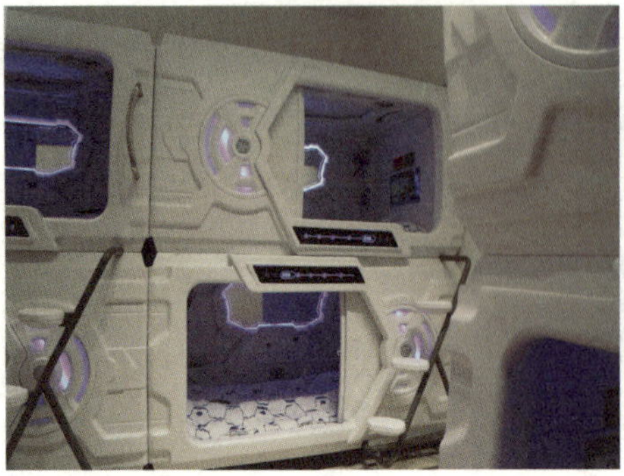

（a）司机之家太空舱

（b）辛集服务区司机之家

（c）司机之家安全教育基地

（d）司机之家淋浴间

图 8 - 17　司机之家

案　例　篇

第 9 章　九华山服务区

9.1　服务区概况

9.1.1　区位条件

九华山古称陵阳山、九子山，由于有九峰，形似莲花而得名。九华山、黄山与天柱山是安徽省的三大名山，九华山西北接安庆市天柱山风景区，南接黄山风景区，是上古学仙修道圣地之一。九华山位于安徽省池州市境内，是以佛教文化和自然与人文胜景为特色的山岳型国家级风景名胜区，是中国佛教四大名山之一、国家首批“AAAAA”级旅游景区、国家首批自然与文化双遗产地，安徽省“两山一湖”（九华山、黄山、太平湖）旅游开发战略的主景区，景区规划面积 120 平方千米，保护面积 174 平方千米。

九华山服务区位于京台高速（原铜黄高速）（K1212＋097）处，坐落于安徽省池州市青阳县杨田镇境内，距离九华山风景区仅 17 千米，如图 9－1所示。

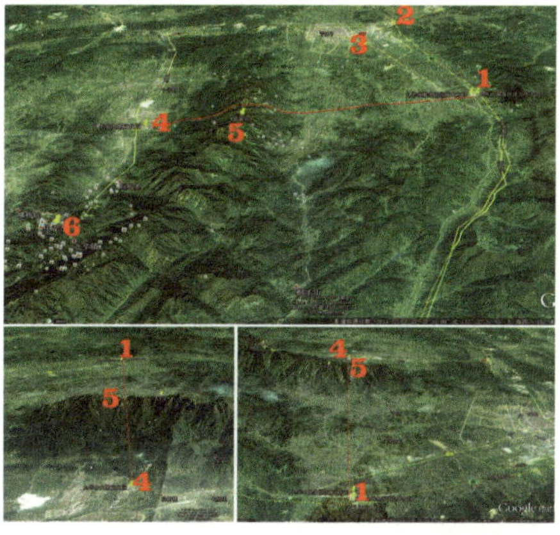

注：

标记1处为九华山服务区位置，东西朝向

标记2处为九华山高速下道口，距服务区9千米

标记3处为青阳县城

标记4处为九华山大愿文化园

标记5处为笔架山与狮子峰

标记6处为九华镇九华街化城寺

图 9－1　九华山服务区区位图

9.1.2 总体规模

九华山服务区分东、西两区，总占地面积约10公顷，建筑面积1.2万余平方米，九华山服务区总平面布置图如图9-2所示。根据服务区车流量、驶入率、周转率等数据，确定服务区车位数量，同时规划充电桩车位、无障碍停车位等，九华山服务区车位规划一览表见表9-1所列。

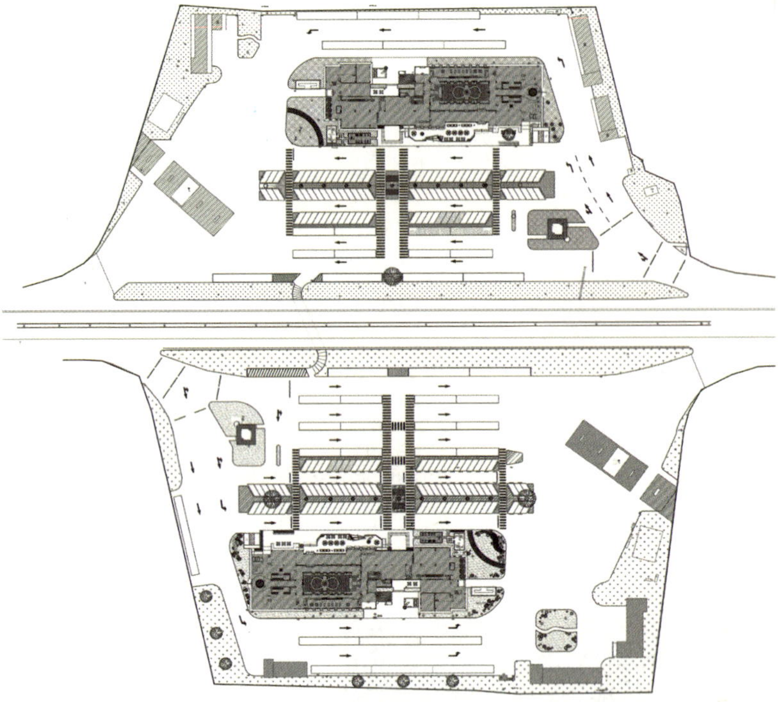

图9-2 九华山服务区总平面布置图

表9-1 九华山服务区车位规划一览表

车位类型	东侧(往黄山方向)	西侧(往九华山方向)	东西两侧合计
小型车车位	90个，其中设充电桩4个	110个，其中设充电桩4个	200个，其中设充电桩8个
4米×20米大车位	8个，其中设充电桩2个	4个，其中设充电桩2个	12个，其中设充电桩4个

（续表）

车位类型	东侧（往黄山方向）	西侧（往九华山方向）	东西两侧合计
4 米×30 米大车位	10 个，其中危险品及禽畜类运输车车位 4 个	12 个，其中危险品及禽畜类运输车车位 3 个	22 个，其中危险品及禽畜类运输车车位 7 个
无障碍及夜间女性停车位	2 个	2 个	4 个

9.1.3 建设理念

九华山服务区的建设理念主要包括：

其一，以九华山服务区的整体环境提升为载体，充分发挥与提升服务区的服务及窗口形象功能，并结合服务区的交通、旅游、地域文化等优质元素，打造规模适中、功能齐全、适度超前、主题特色鲜明、商业氛围浓厚、动线组织合理的典范服务区。

其二，串联服务区平台、展示丰富的皖南旅游资源，使中南快速通道、旅游黄金干线和生态景观长廊得以在服务区平台上被驾乘人员充分认知。

其三，以徽文化为主导，发扬地藏王佛文化，从浅层的元素出发烘托气氛、渲染主题。

9.2 场区规划

场区规划设计以“藏风得水，古典格局；入世精神，简约建筑；禅宗美学，禅意空间”的理念为核心，在空间布局上，追求质朴舒适的亲切感和空间精神的感染力，力求地域文化元素与现代元素的完美结合，人文关怀与生态环境的完美结合，古典格局与实用功能的完美结合，实现“充满生态之术是，简约之唯美，禅意之启发，水月之清凉”的目标。

9.2.1 区域划分

以西侧（九华山方向）服务区为例，服务区场区区域划分如图 9－3 所示。

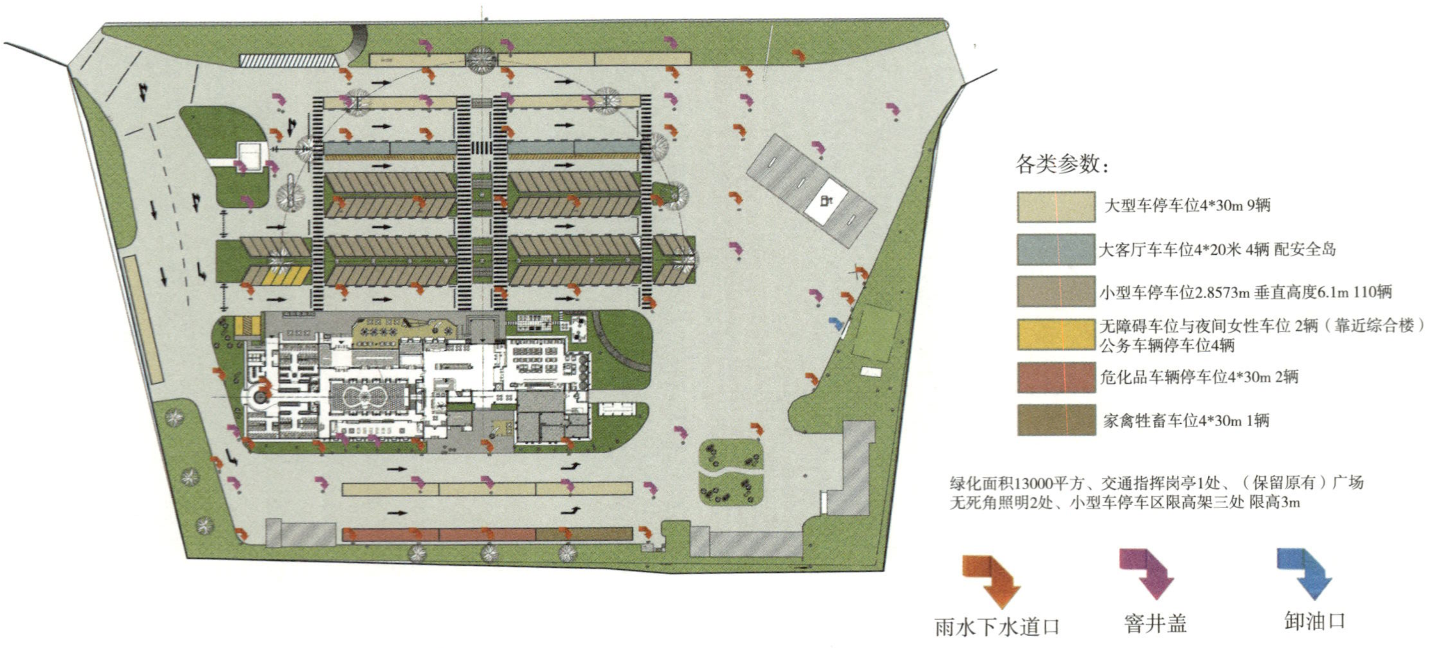

图9-3　西侧（九华山方向）服务区场区区域划分

主建筑远离高速公路主线，并平行于主线布设；从主线向主建筑方向在停车场区域依次布设大型车停车位、大客车停车位和小型车停车位，并在最邻近主建筑的位置设置了无障碍车位与夜间女性停车位；在主建筑楼后广场停车区域布设大型车停车位，最外侧布设危化品车辆停车位及家禽牲畜车位。

为了更有效地使用停车区，在小客车停车区入口设了 3 处限高架，限高 3 米，限高架造型运用了徽派牌坊及云纹望柱的元素，如图 9－4 所示。另外，在服务区流线规划中通过贯穿各停车区域的人行道，游客可以安全地穿过停车区域及行车道以进出服务区主建筑，并且在各停车区域间均采用绿化分隔方式，减少互相干扰。

图 9－4　停车区限高架效果图

9.2.2　广场设计

在广场停车场区的设计上充分融入了地域文化特色，西侧服务区鸟瞰图如图 9－5 所示。广场停车场区种植的 9 棵银杏树与 9 根拖着地藏王满愿明珠的莲花柱围成一个半圆空间，置于综合楼前，配合停车场车水马龙之意，形成徽派村落月沼的文化意向，与九华山开山祖寺化城寺门前一个半圆月形的放生池有异曲同工之意。银杏树在中国也称作菩提树，而地藏王满愿明珠在众佛造像中极具鲜明特色。因此在广场中塑造了一处应和徽派文化与九华山地域文化的“九珠九菩提”的景观，让过往车辆对此服务区有了一个较为突出的视觉印象。同时，“九珠”可在夜晚被点亮，从而照亮小型车停车区，银杏树也为广场提供了树荫及色彩。

整个布局与综合楼主入口以及景观轴形成了人行重要轴线。广场设计地域特色意向图如图 9－6 所示。

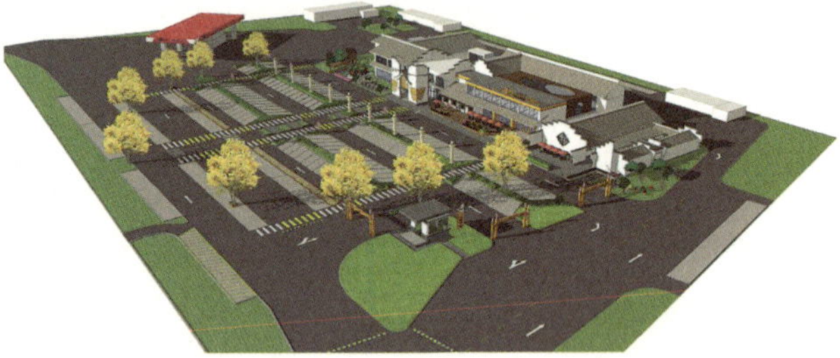

图 9－5　西侧服务区鸟瞰图

（a）化城寺放生池

（b）宏村月沼

（c）银杏树（菩提树）

（d）大愿文化园莲花柱

（e）地藏满愿像

图 9－6　广场设计地域特色意向图

9.2.3　建筑外立面

对建筑入口、山墙及部分檐口做了徽派风格渲染性的设计，尤其是面对高速主线的立面，并且在部分墙面点缀了莲花溯窗、佛教莲花的图案，更好地实现视觉上的塑造识别性与冲击力。入口马头墙高度为 12 米，入口宽度为 3.8 米，结合了少许印度佛教建筑的特点，做了入口建筑的屋檐。中国没有专门的佛教建筑风格，都是随着朝代与地域特点而演变的。服务区内建筑在佛文化的体现上只能是浅层的烘托气氛，绝不能引起人们膜拜的情感倾向，所以如何控制“度”是最重要的设计。同时，在外立面还预留了户外 LED 显示屏的位置。建筑外立面效果图如图 9－7所示。外立面意向图如图 9－8 所示。

图 9－7　建筑外立面效果图

图 9－8　外立面意向图

建筑主入口大门与景观轴线相重叠，这也是设计的重点，轴线两边 4 米宽的人行道将主要人流引到综合楼，同时轴线也贯穿了九珠中间的一珠与九菩提中间的一菩提。

9.2.4　广场绿化

广场绿化设计图如图 9－9 所示，在服务区靠近主线一侧及场区周边种植护坡植被，护坡植被采用的紫羊茅，又名红狐茅，为多年生草本植物，属冷季型草坪草，具有短的根茎及发达的须根，涵水固土效果好。紫羊茅在我国长江流域以北均有分布，适合华东地区气候条件，四季常绿，维护简单。服务区入口及停车广场各区域间采用绿化带分隔，隔离带植被采用红花檵木、小叶黄杨等小乔木及灌木，生长高度控制在 1 米以下，不能遮挡行车视线。主建筑周边区域种植四季青草皮，点缀观赏乔木，并与休闲设施有机结合。在位于综合楼右侧餐厅窗外的绿地上设置了成人户外健身区和露天儿童游乐区，并在两区之间设置了一个露天休息座椅，为就餐前后驾乘人员及儿童提供一个优质的活动休息场所，也较好地与防腐木连廊融为一体，形成一个有层次的休息区，同时为未来的发展预留一块较好的建设用地。建筑周边绿地与室外休闲设施效果图如图 9－10 所示。

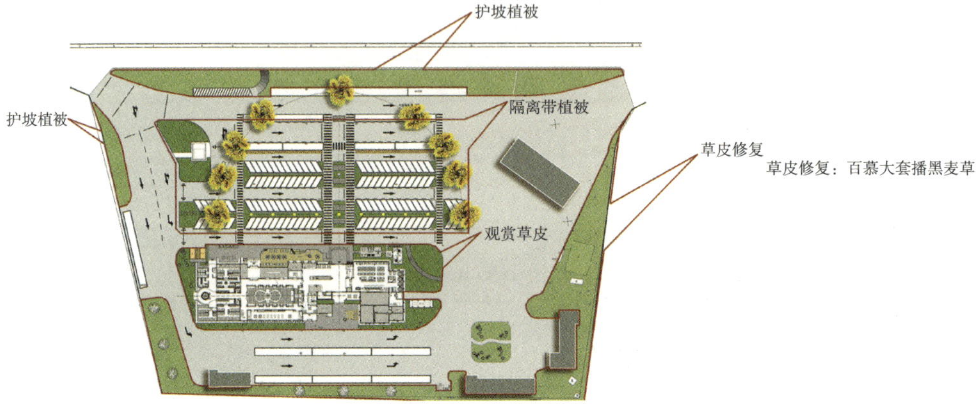

图 9－9　广场绿化设计图

图 9－10　建筑周边绿地与室外休闲设施效果图

9.3　建筑设计

建筑设计以西侧(往九华山方向)服务区为例。

9.3.1　平面布局

综合楼共三层,一层平面分为五个区域,如图 9－11 所示,区域一为接待门厅,区域二为餐厅及后堂,区域三为便利店及商业区,区域四为公共卫生间及淋浴室,区域五为预留用地。设五个出入口,其中 A 和 B 为主入口,C 和 D 为次入口,E 为员工出入口及后堂货物出入口。A 入口位于广场轴线顶端,也是建筑外立面的视觉中心之处;B 入口为公共卫生间及便利店入口,从入口处至卫生间门口距离为 26 米,流线穿过手信超市;C 入口为淋浴房、洗衣房及增设临时卫生间入口,从入口处到卫生间门口距离为 28 米,在车流淡季可以不开放;D 入口为后广场出入口;E 入口为员工及后堂货物出入口,并在通道处设置员工车棚。

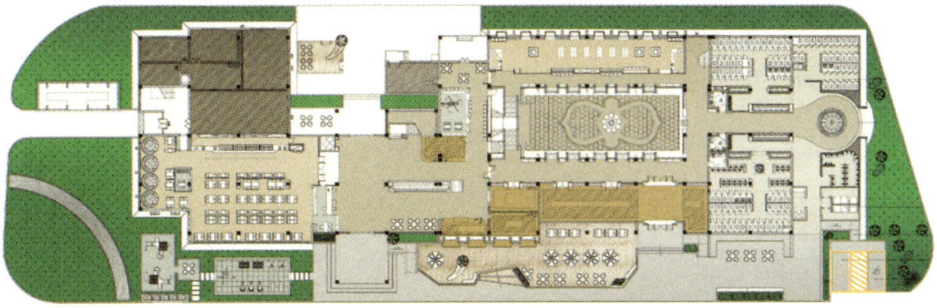

图 9－11　综合楼一层平面图

区域一的具体功能区布设:1 为值班经理室,设可变情报信息屏;2 为便民服务总台,可办理住宿登记、特产快递、ETC 充值、信息咨询等业务;3 为无障碍电梯;4 为佛光阁,通往二层及三层;5 为皖南画卷,采用多媒体互动方式发挥旅游咨询推广平台作用;6 为休息区;7 为咖啡、奶茶等快消饮品售卖窗口;8 为烘焙甜品售卖窗口;9 为儿童乐园;10 为休息区;11 为便利店库房;12 为户外休息区。

区域二的具体功能区布设:1 为广式蒸菜点餐台,2 为面馆及预约订餐取餐台,3 为素斋餐厅及家庭餐厅,4 为儿童乐园,5 为传菜电梯,6 为餐厅后堂,7 为户外成人健身区,8 为户外休息区,9 为户外儿童乐园,10 为户外休息平台。餐厅可提供广式蒸菜、六味面馆及素斋点餐三种就餐模式,同时为过往驾乘旅客提供提前点餐的服务。

区域三的具体功能区布设:1 为驿趣小吃(30 平方米);2 为开光佛品(30 平方米);3 为手信超市(119 平方米),主要经营安徽各地特产,便民服务台提供特产的快递服务;4 为入口通道;5 为讲经庭、休息内庭,出行高峰期定时邀请九华山高僧大德来此宣化教义,平常为日常旅客的休息场所;6 为双剪楼梯通往二层,一是增加中庭气氛,二是为垂直交通提供便利;7 为开水间;8 为网络机房;9 为 24 小时便利店,占地 35 平方米,主要销售快消品;10 为户外休息平台;11 为无障碍坡道。

区域四的具体功能区布设:1 为无障碍卫生间,缺口处设置自动饮料售卖机;2 为第三卫生间,供携同孩子及老人或需要照顾如厕的人员使用;3 为母婴室,提供儿童座椅、护理翻板、开水机、洁具等;4 为男厕;5 为女厕;6 为卫生间通道,宽 3.1 米,两侧设无障碍扶手;7 为天光洗手池,是卫生间区域的通道视觉核心;8、9 为临时性开放女卫生间;10 为投币淋浴室,男女各 3 位;11 为洗衣房,提供投币洗衣服务;12 为无障碍坡道;13 为残疾人停车位及夜间女性停车位。

区域五的具体功能区布设:1 为木连廊,2 为员工车棚。

综合楼二层设置住宿客房三人间及双人间共 9 间,可供 12～15 人就餐的餐饮包厢 1 间;专门开设快速睡眠室,配备密码锁储物柜,为驾乘人员的快速短暂睡眠提供便利服务;配备简单医疗救护室,提供常规非处方药品;开设移动商务办公区,提供有线网络、电脑、打印等服务;同时,设置了 280 平方米的禅茶及素斋馆,为过往驾乘旅客及广大香客提供禅茶、素斋交流场所。另外,服务区员工的餐厅、活动室、电子阅览室及员工之家也设在二层,员工之家主要展示企业及服务区发展历程,展示企业核心价值观及服务理念,在为内部员工提供精神补给的同时也可作为同行交流时对外宣传的企业名片。

综合楼三层设置住宿客房单人间 2 间、双人间 4 间，其余区域为员工办公区域。

9.3.2　重点部位设计

1. 综合楼门厅

综合楼门厅平面布置图及效果图如图 9－12 和图 9－13 所示。门厅中央设置“皖南画卷”多媒体互动平台，总长 12 米，上部通过 8 块电视屏播放安徽省著名景点的相关信息，下部装饰仿真景点沙盘，整个造型设计为卷轴与宣纸结合，犹如一幅优美画卷。

图 9－12　综合楼门厅平面布置图

考虑到服务区人员较多且杂乱，若采用滑动电视到达信息点的模式会大大缩短互动平台使用寿命，因此采用了固定电视配合滑动手柄的方式来触动信息点。通过平台上设置的移动手柄，采用滑动触控多媒体互动信息系统。当移动手柄到达某特定信息点处时，电视便会播放预先设置好的宣传片。

图 9－13　综合楼门厅效果图

2. 餐厅

餐厅平面图及效果图如图 9－14 和图 9－15 所示，餐厅装饰细节图如图 9－16 所示。餐厅重点运用了莲花装饰元素，通过提炼变形以及绘画的方式让文化主题充分体现在空间中，同时配以驿安橙、驿安 LOGO 中的元素以及云纹浮雕装饰砖加以烘托，使整个餐厅洋溢着简约舒适的氛围，虽然只是长途跋涉中一个小小的餐厅，但是也体现出对过往驾乘旅客的尊重与关怀。

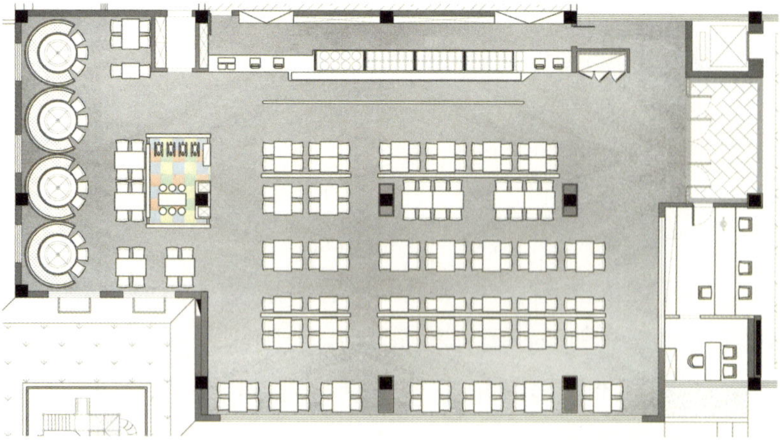

图 9－14　餐厅平面图

图 9 - 15　餐厅效果图

图 9 - 16　餐厅装饰细节图

3. 卫生间

卫生间平面及核心走道效果图如图9 - 17和图 9 - 18 所示。进入卫生间后，人流从中间向两边分流，缩短使用者的行走距离，从而可提高设备的平均使用率，也能降低设备的维修率。卫生间同走道位于休闲内庭的中轴线上，所以其风格也是中庭风格的延续，放大的公司 LOGO 元素配以灯光吸引了人们的视线，使空间多了几分灵动，也多了几分禅意；视线末端的天光洗手池由莲花雕塑、满愿明珠以及圆形天井组成，风格宁静安详，点明了“涤心”主题；空间色调为灰白色，也是徽派装饰风格的提炼，同时驿安公司 LOGO 元素也被融入所有门的把手上，增加了趣味性。

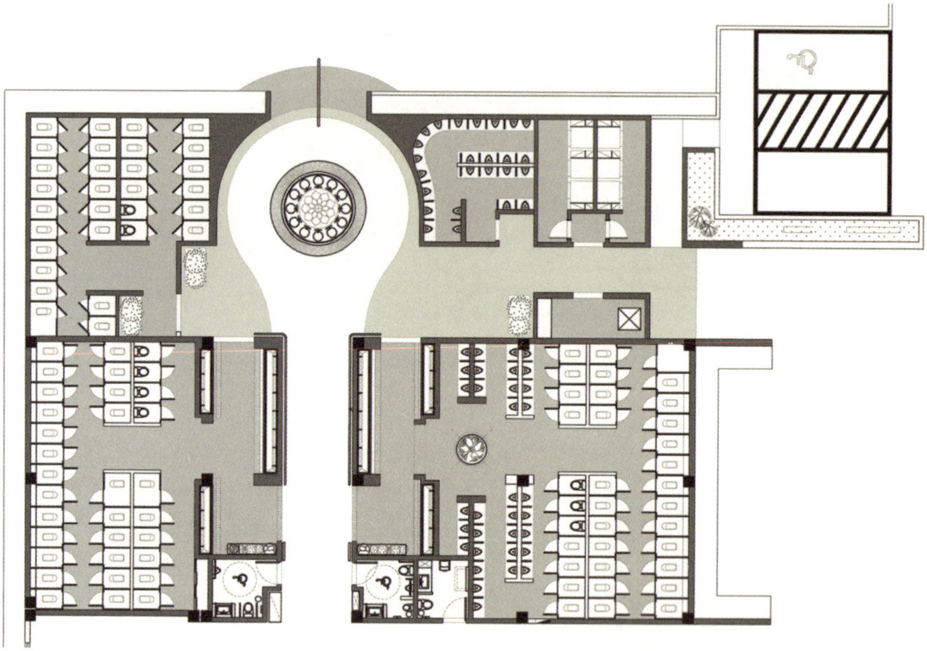

图 9－17 卫生间平面图

图 9－18 卫生间核心走道效果图

卫生间男厕效果图如图 9－19 所示。卫生间主色调为灰白色，墙体留有 0.5 米的通风口，并且在顶面设计弧形导流板，以利于将气流引向另一端，营造良好的通风环境。男厕小便斗地面采用铸铝格栅，下设排水沟，格栅与地面高度保持一致，能有效阻止污水流向地面；蹲位上均标注了类型及编号，便于旅客选择也便于保修管理；入口处放置做旧石槽，种植迷你小睡莲，为空间增添了人文气息与灵气。

图 9－19　卫生间男厕效果图

在卫生间入口左右两侧各设置了一间第三卫生间，专为携同儿童、老人或在如厕时需要被照顾的人士配置，第三卫生间效果图如图 9－20

图 9－20　第三卫生间效果图

所示。第三卫生间在功能上配备大小马桶、小便斗、洗手台盆及无障碍扶手，设施均按照无障碍卫生间的标准设置。另外，安装了求助按钮，并具有语音对讲功能，旅客可将其连接到服务总台获得帮助。整个空间干净整洁，呈灰白色调，但对于墙面白色瓷砖则采用了一种较为新颖的铺贴方法，有组织的密缝及对空缝的处理使墙面整洁大气。

9.4 建设成效

9.4.1 接待驾乘旅客

九华山服务区设施完善，积极主动为出行人员提供便捷服务，赢得了社会各界驾乘旅客的高度认可。服务区日平均接待量 6000 余人，其中旅游人数占 85%左右，自驾车占日常接待车次的 60%左右；节假日期间，旅游人数更是超过服务区全部接待人数的 90%，接待量高峰时，服务区可同时为 2000 余人的餐饮、购物、休闲、如厕等提供服务。

服务区在完善设施的基础上，加强服务人员的职业道德教育，在特色服务和优质服务上狠下功夫，突出地方特色，设置旅游咨询点（图 9－21），向旅客提供免费开水和常用药品，赢得了旅客的好评。

图 9－21　九华山服务区旅游咨询服务

9.4.2　带动区域旅游业发展

九华山服务区在改造升级服务环境，夯实日常经营管理的同时，充分利用南下黄山、北上九华山的旅游区域优势，不断提升服务质量，加大“服务区＋旅游文化”建设力度。服务区强化与地方文旅部门的对接合作，并逐步推进落实。2018 年“中国旅游日”，九华山服务区联手池州市文旅局、青阳县文旅局开展“安全出行，文明旅游”活动，营造绿色出行、快乐旅游的良好社会氛围，将池州市旅游文化资源带进服务区，宣传展现池州旅游文化魅力。九华山服务区着力打造“服务区＋旅游”文化品牌，2019 年被中国公路学会授予“全国高速公路旅游特色服务区”荣誉称号；服务区卫生间获评国家“AAA 级旅游厕所”，其中西侧服务区卫生间还成功入选“池州市首届十佳旅游厕所”。

9.4.3　提升经营效益

九华山服务区位于旅游线路，每逢节假日营业收入会突增，以 2019 年为例，全年营业收入 700 余万元，其中法定节假日（含春运）营业额约占 30％。同时，九华山服务区便利店极力助销扶贫产品，餐厅每天从周边村镇收购农产品，也在一定程度上带动了周边经济发展。

9.4.4　提高旅客满意度

九华山服务区于 2015 年、2017 年均荣获“全国百佳示范服务区”称号，先后被安徽省交通运输厅授予“五星级服务区”“文明窗口”等称号，九华山服务区获得的荣誉称号如图 9－22 所示。随着文明服务创建工作不断推进，服务区对外形象不断攀升，九华山服务区在“2017 年安徽省服务区顾客满意度测评”中排名第一。

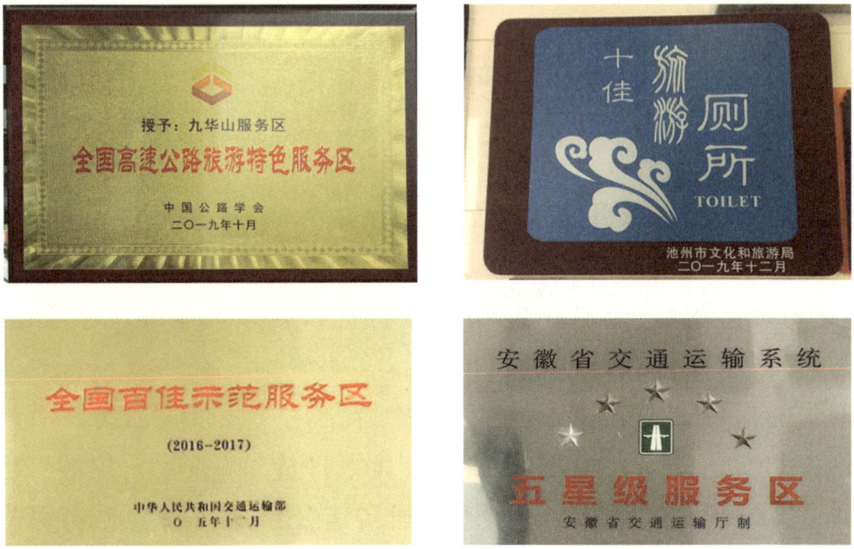

图 9－22　九华山服务区获得的荣誉称号

第 10 章　龙门寺服务区

10.1　服务区概况

10.1.1　改造背景

龙门寺服务区位于滁新高速合淮阜段 K33 处，地处合肥市长丰县吴山镇境内，距离吴山镇 12 千米、合肥市 45 千米。龙门寺服务区建成于 2008 年，为安徽早期建设的服务区之一，东西两侧占地 8.4 公顷，建筑面积共 9400 平方米。经过十余年的发展，随着主线交通量的快速增长，2018 年日流量已超过 5 万辆，服务区逐步显现出一些问题。首先，广场场区停车位数量不足，交通组织流线不合理；建筑形态分布零散，建筑入口多，使得建筑整体有违和感；餐饮、购物环境差，客房数量不足，无法满足驾乘人员日益增长的消费需求。其次，机修间位置过深易造成车流交织，人行天桥下口正对贯穿车道，并且绿化隔离带阻挡视线，这些都存在严重的安全隐患。最后，建筑自然采光与通风效果不佳，照明与空调能耗高；服务区基本没有绿化，整体景观环境差。因此，服务区改造被提上日程。龙门寺服务区改造前鸟瞰图如图 10－1 所示。

图 10－1　龙门寺服务区改造前鸟瞰图

10.1.2 改造思路

龙门寺服务区在区划上属于江淮平原文化区，这一区域的服务区还包括文集服务区、阜南服务区、吴圩服务区、河口服务区、官塘服务区等，服务区整体设计风格均定位于欧式风格服务区。根据龙门寺服务区所在路网上的位置及地区定位，改造总体思路为在充分利用原有设施的基础上，结合服务区功能完善和服务提升的改造需求，将服务区打造为具有简欧建筑风格和色彩、能够服务周边的微型商业综合体及兼具一定旅游功能、承接地方农业推介的中心服务区。

10.1.3 改造总体情况

龙门寺服务区改造后，对停车广场车位进行了重新划分，设小客车停车位 298 个、其他类型停车位 128 个，不同类型停车区域利用绿化带分隔；新增建筑面积 5480 平方米，结合原有建筑增加建筑体块衔接，保证外立面完整性，并采用节能技术打造绿色建筑，服务区总建筑面积达到 14880 平方米；结合场区周边环境，打造旅游文化并进行宣传，增加绿化面积，全区覆盖免费 WiFi。龙门寺服务区改造后鸟瞰图如图 10－2 所示。

图 10－2　龙门寺服务区改造后鸟瞰图

服务区改造后建成驿家汽车旅馆，配备标准客房 13 套；引进永和豆浆城市餐饮、户外运动生活馆、景德镇瓷器、竹雕工艺品等多种业态；拥有全新超大便利店、安徽名优特产专区、驿家小厨、徽驿小吃、工艺品专营店，成为倾力打造的安徽省第一家微型商业综合性高速公路服务区。

10.2　场地规划

服务区东西两侧对称布设，以下以东侧服务区为例，对其主要提升改造情况进行介绍。

服务区场地布局图如图 10－3 所示，综合楼远离高速公路主线并平行于主线布设，综合楼占地面积 4921 平方米，局部三层，总建筑面积 7800 平方米。停车场区域从靠近主线处向综合楼方向依次布设特种车专用车位 6 个、大货车停车位 19 个、超长车停车位 3 个、中小货车停车位 24 个、小客车停车位 146 个（其中在靠近综合楼主入口处，设置无障碍停车位与夜间女性停车位各 3 个），在小客车停车区域右侧即靠近服务区入口停车位置，设大客车停车位 11 个。另外，结合大客车停车区周边场地灵活布置了房车营地区、自行车租赁区、充电桩区。整个停车区场地划分清晰，并适当通过绿化带进行有效隔离，使车流动线合理，减少车型混杂干扰。

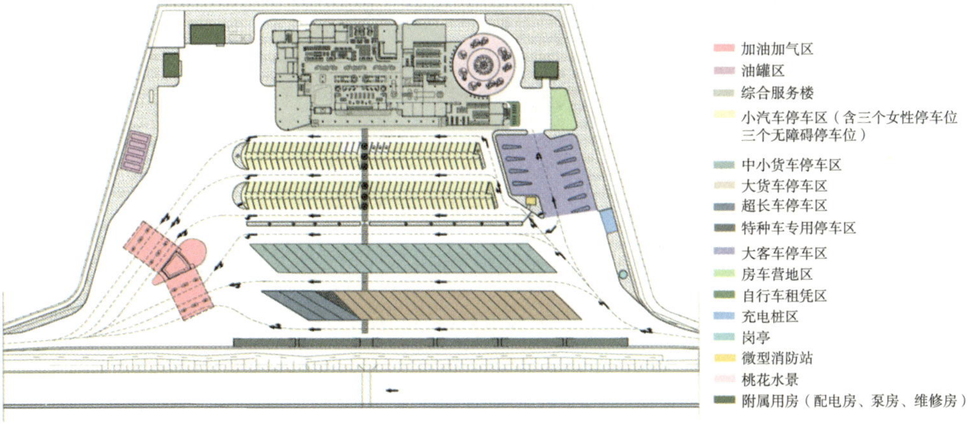

图 10－3　服务区场地布局图

10.3 景观绿化

服务区整个场地的绿化容积率达到了22%，服务区场区绿化设计如图10－4所示，服务区与高速公路主线间护坡植被采用红狐茅（又名紫羊茅），其易栽培且管养简单；服务区场地周边种植百慕大草，套播黑麦草，四季常绿，外观效果佳；小客车及大客车停车区域利用植被隔离进行分区，隔离带植被采用小叶黄杨、金叶女贞、红花灌木等，生长高度控制在1米以下，避免遮挡行车视线。综合楼周边铺装采用流线型设计，通过动线的分隔，与建筑统一协调，同时结合场地情况种植灌木及乔木，增加色彩。

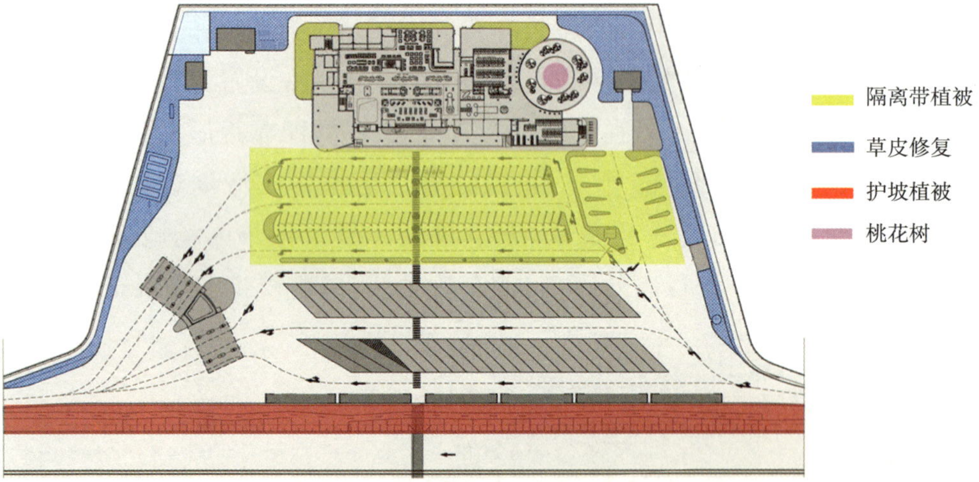

图10－4　服务区场区绿化设计图

服务区周边有成片的桃花林，因此服务区内部也营造了以桃花为主体的景观，与之呼应、融合。综合楼南侧原有一处水塘，面积接近750平方米，对驳岸进行自然生态化处理后，池中种植荷莲，岸上种植桃花树，并将亲水平台和滨水步道穿插其中，春赏桃花，夏看荷莲，形成一处流动的自然景观。服务区南侧景观水池如图10－5所示。

景观水池西南侧房车营地为前来休闲的游客提供了必要场地，通过多种植桃花树，并采取植物配置分隔每块营地方式，既保证了私密的个人空间，又提供了丰富的赏花休闲空间。房车营地改造如图 10－6 所示。

图 10－5　服务区南侧景观水池

图 10－6　房车营地改造

综合楼二层设有观景廊桥和室外露台，配有休闲座椅，可以远观桃林，近赏水景。同时，结合座椅特别设计了太阳能景观灯，其造型为盛开的花朵，可提供夜间照明。服务区太阳能景观照明灯如图 10－7 所示。

图 10－7　服务区太阳能景观照明灯

此外，服务区连接东西两侧区域的天桥，采用了以往来车辆跃龙门为主题的彩虹天桥，简洁大方、寓意深远。服务区天桥如图 10－8 所示。

图 10－8　服务区天桥

10.4　建筑设计

10.4.1　改造总体分析

改造前综合楼建筑面积 5340 平方米，外立面鸟瞰图整体外形边缘呈楼梯状，参差不齐；立面前视图外形边缘呈凹凸状，高低错落，如图 10－9所示。结合现状及服务区改造总体定位，建筑改造的重点包括三个方面：其一，充分结合现有建筑，增加建筑体块衔接，保证外立面完整性；其二，结合服务区周边环境，进行商业、旅游与文化宣传；其三，加强自然通风与采光效果，增加绿化面积，减少建筑能耗。

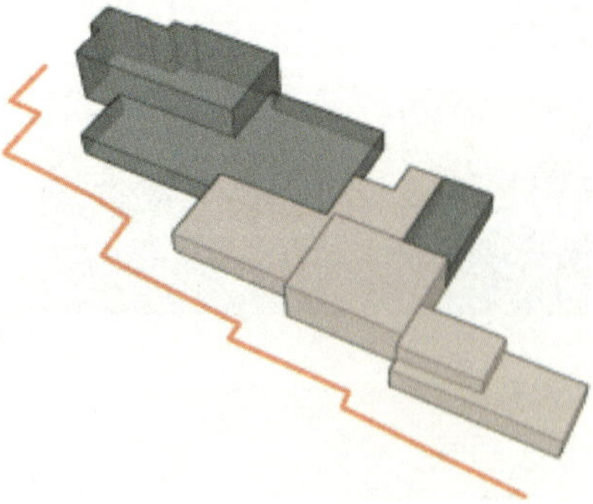

(a) 鸟瞰图

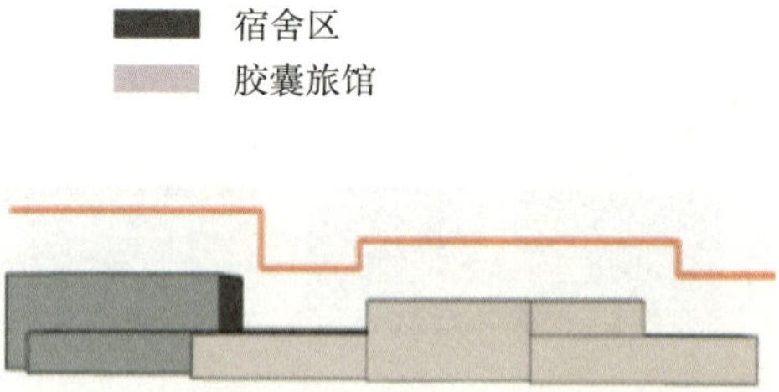

(b) 前视图

图 10－9　建筑改造体块分析

10.4.2　建筑功能

改造后综合楼外立面效果图如图 10－10 所示，建筑面积扩建至 7800 平方米，增加 2460 平方米，其中主要增加了一层建筑面积。

图 10－10　改造后综合楼外立面效果图

改造前一层建筑面积约 2785 平方米，服务品种单一，经营业态简单，综合楼改造前一层平面图如图 10－11 所示。餐厅及后堂面积约 1296 平方米，便利店约 284 平方米，其他商业区共计 477 平方米，卫生间约 294 平方米，大厅及公共走廊区约 220 平方米。

改造后一层建筑面积扩建至 4921 平方米，并调整了一层建筑室内布局，综合楼改造后一层平面图如图 10－12 所示，功能分析图如图 10－13 所示。改造后引入主力店，设置可供人员集中使用的美食广场；设置商业街，作为特色商品展示售卖场地，满足游客购物及休闲需求；改造卫生间，增加蹲位数量以减少排队时间，并且增加亲子位、第三卫生间，满足使用者需求；增设母婴室、儿童乐园等，满足多样化服务需求。同时，在建筑主出入口分别设置无障碍通道，室内空间避免设置台阶门槛等，打造畅通无障碍环境，方便残障人士使用。

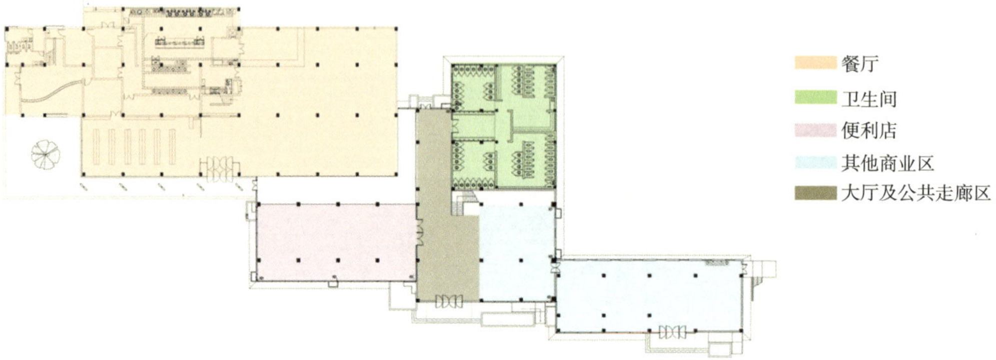

图 10－11　综合楼改造前一层平面图

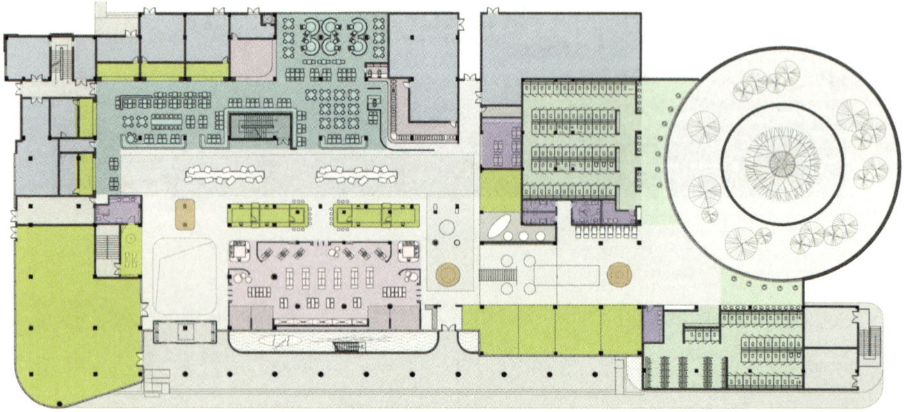

图 10－12　综合楼改造后一层平面图

改造后主入口设置在场地相对左侧，以左侧主力店 KFC 吸引拉动人流，使建筑内容业态得到更多的关注与发展。美食广场约 650 平方米，可同时容纳 272 人（其中美食广场中含 5 个招商小吃档口，共计 62 平方米；驿家小厨 33 平方米），美食广场后堂及库房共计约 350 平方米；大厅面积约 1000 平方米，招商商业店铺共计 11 家，单家面积为 15～330 平方米，其中含 4 个中岛小吃档口，共计 66 平方米；母婴用品店 20 平方米，母婴室 18 平方米；主力店 KFC 面积为 330 平方米；开水间 33 平方米；便利店约 320 平方米，便利店仓库约 193 平方米；女卫生间 235 平方

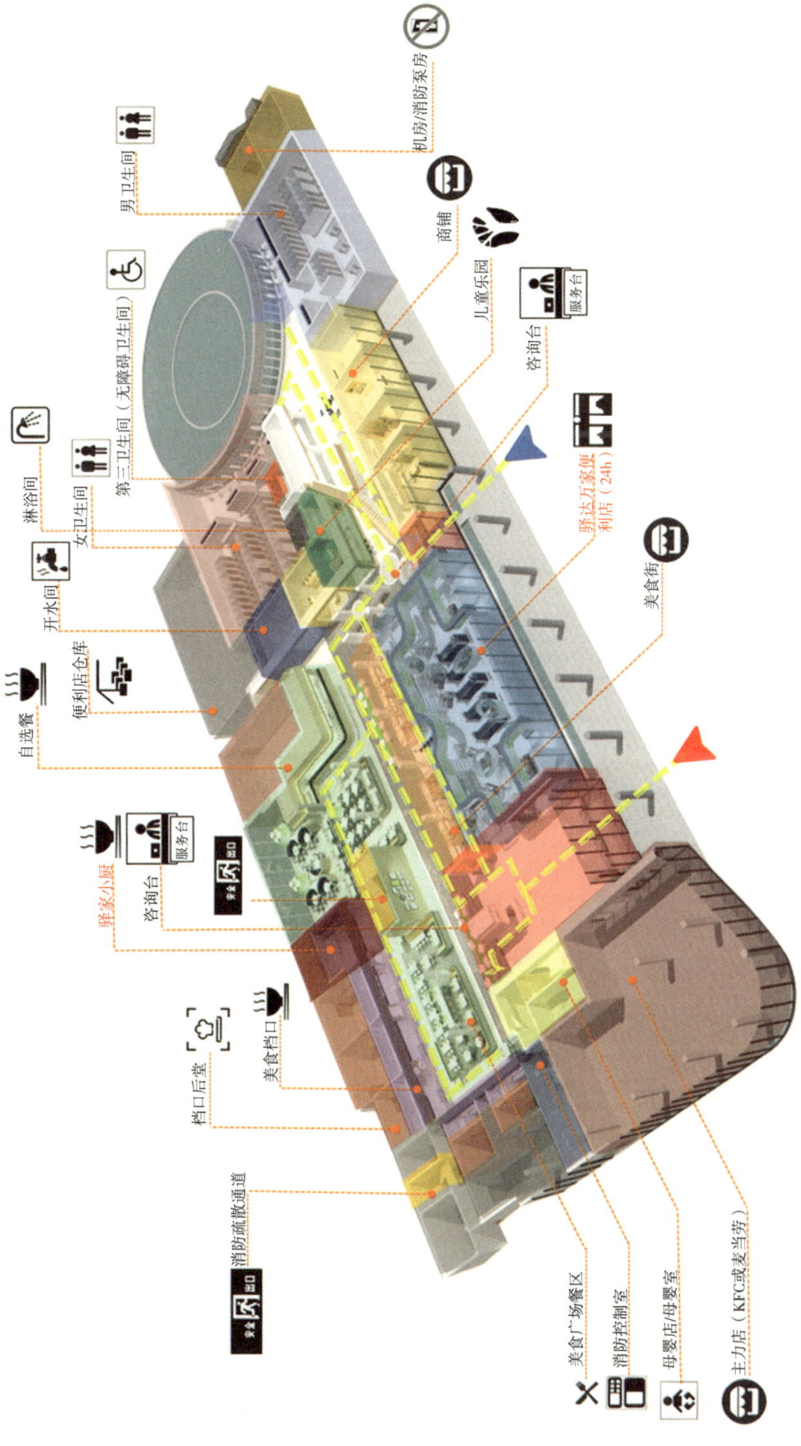

图10-13　综合楼改造后一层功能分析图

米，设蹲位69个，其中含3个马桶、4个行李蹲位及3个亲子位，女盥洗区面积90平方米；男卫生间205平方米，设蹲位41个，其中含2个马桶、1个行李蹲位及2个亲子位，小便斗40个，男盥洗区面积63平方米；第三卫生间面积11平方米；儿童乐园面积30平方米；男、女保洁室2间，面积各为10平方米；男、女淋浴房2间，面积各为6平方米。

综合楼改造前二层建筑平面图如图10－14所示。改造前二层设有4间33～54平方米包厢、3间33～49平方米办公室和1间33平方米公共卫生间；另有2处商业区，面积分别为123平方米和158平方米。综合楼改造后二层平面图如图10－15所示。

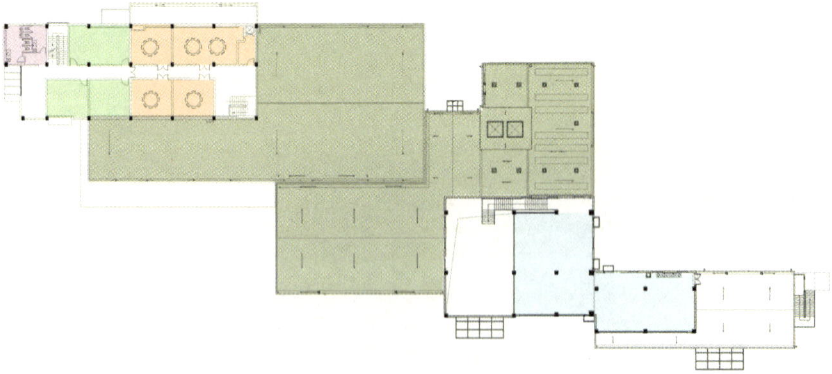

图10－14　综合楼改造前二层平面图

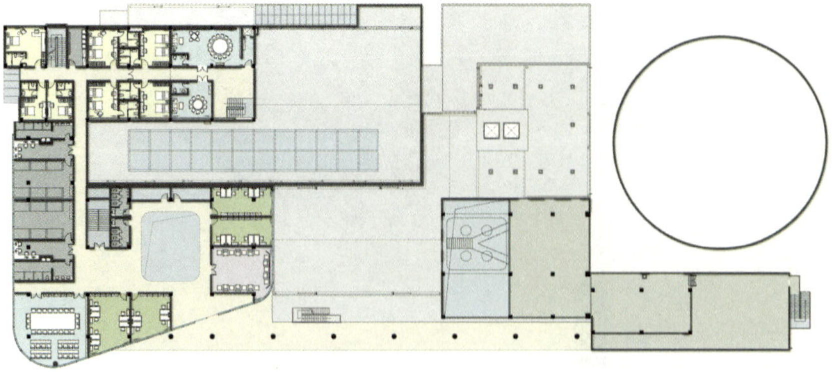

图10－15　综合楼改造后二层平面图

改造后办公接待区保留 1 间 53 平方米的 15 人包厢、1 间 30 平方米的 10 人包厢;办公室增加至 4 间,面积为 35～48 平方米;增设 1 间 58 平方米接待室,以及 1 间 100 平方米大会议室。增设宿舍区和胶囊旅馆,7 间宿舍可容纳 11 人住宿;男女胶囊旅馆面积合计 190 平方米,可同时容纳 12 名驾乘人员休息;设 1 间 15 平方米的洗衣间以及 22 平方米卫生间。东侧设观景连廊,将原商业空间改造为室内观景台,同时紧邻其南侧增设 180 平方米的室外观景平台。

改造后三层建筑的主要功能是提供住宿,共设客房 12 间,可容纳 22 人。

10.4.3　建筑采光与通风

综合楼改造中加强了对建筑自然采光与通风的设计,如图 10 - 16 所示。综合楼共设置了五处采光点:其一,打造玻璃幕墙,实现西面与北面外立面一、二层窗户的最大化利用;其二,餐厅东面设采光井及落地玻璃窗,将后院的桃花林美景框成画面,同时引入自然光线使餐区空间明

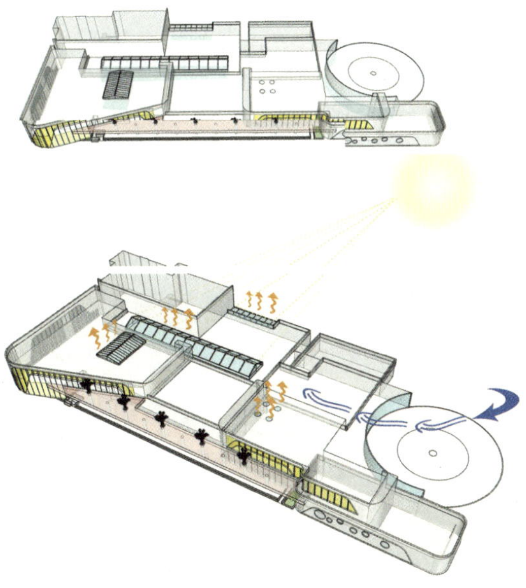

图 10 - 16　综合楼建筑自然采光与通风示意图

亮，使用餐者心情舒畅；其三，采用弧形玻璃幕墙，南面围绕圆形水景，室内外景色共赏；其四，大厅上方采用玻璃天幕，良好的采光将自然光引入大厅；其五，过道上方采用玻璃天幕，在视觉上连接各个业态空间，提升旅客在过道行走过程中的体验。

另外，改造综合楼门廊设计，增加室内自然通风，实现安全有效、经济适用的通风模式，在改善室内空气品质、提升室内舒适度的同时，达到节能的目的。

10.5 建设成效

在2013年以前，龙门寺服务区区位作用一般，功能业态相对单调，主要是便利店、自选餐厅和进行有限的土特产售卖，经营业绩平平，平均每天不足万元。服务区在改造中加盖了综合楼建筑，扩大建筑内部空间，并将区域空间重新划分，布置业态。服务区大力推动餐饮改革，开设了第一家“驿家小厨”，主打“长丰派”合肥菜肴，为旅客提供点餐服务，名厨亮灶，各类菜品现点现炒，价格与城市小餐馆相当，并提出“让旅客到服务区吃早餐”的目标，引进了永和豆浆等品牌餐饮，丰富驾乘人员的选择。把便利店搬入大厅，丰富便利店内容，增加名酒、名茶以及地方名优特产品；大力招商，引进瓷器店、竹雕店、刘老二烧鸡店、户外用品店、服装店、咖啡店、甜点店、灵璧石店等入驻。作为安徽省高速公路示范服务区创建工作中的“试验田”，龙门寺服务区在改造后实现了去单一业态、去区位弱势等目标，成功构建了“微型商业综合体”，完成了从试验到示范的华丽转身。改造后服务区服务数量呈爆发式增长，每日接待驾乘人员3万余人，经营业绩翻了几番，日均营业额超过6万元。

同时，服务区经营管理者从政策中谋发展、从趋势中找思路，关注客运班车凌晨禁行规定和自驾游旅客数不断增长等新变化，在服务区建设了安徽省第一个“高速服务区汽车旅馆”，提供淋浴、住宿等服务；又与合肥客运总站合作，开设客运班车安全叮嘱点，让每天300多辆客运班车停靠服务区，把更多的驾乘人员吸引进来，并享受到优质服务。

另外，服务区坚持开展扶贫等公益活动，自 2017 年服务区与辖区贫困村长丰县马郢村开展结对扶贫工作，举办了主题为“温情驿达　助梦马郢”系列公益活动，每月、每周有活动，使龙门寺服务区成为“全国乡村旅游重点村——马郢村”的重要宣传推广阵地和客源导入地。龙门寺服务区还利用区位优势，积极助力附近乡村自驾游业务，使自驾游客人停靠休息在龙门寺服务区，从服务区后院门外出即可欣赏龙门寺水库生态湿地以及千亩桃园的一川风景和马郢村美丽的乡村田野旖旎风光。通过众多公益活动的开展，龙门寺服务区由高速公路上的一个“点”变成了助力乡村扶贫的交通线，展现了安徽高速公路新形象。

服务区在经营中树立企业文化，增加母婴室、第三卫生间、临时卫生间、娱乐健身器材等各类便民设施，规范管理，提升员工服务，在 2015 年及 2017 年全国服务区质量等级评定中，龙门寺服务区均荣获“全国百佳示范服务区”称号。

第 11 章　华阳服务区

11.1　服务区概况

11.1.1　区位条件

华阳服务区位于溧阳—黄山高速公路绩黄段(S01)，在安徽省宣城市绩溪县华阳镇境内。绩溪县位于安徽省南部、皖南山区东部，地处黄山与天目山结合带、长江水系与钱塘江水系分水岭；属北亚热带季风气候区，四季分明，雨量丰沛，日照充足；生态环境优良，曾入选"2019 中国最美县域榜单"，2020 年入选"中国县域全生态百优榜"。

绩溪在汉代称华阳镇，绩溪县是古徽州六县之一，也是徽州文化的发源地，并且从地缘政治上讲，绩溪是徽文化的核心地带，人文底蕴非常深厚。徽州文化的表现形式有城镇规划、村落布局、徽派建筑等，这些文化表现形式，有以物质形态存在的物质文化遗产，也有以非物质文化形态存续的非物质文化遗产。特别是徽派建筑自成一体，它在总体布局上依山就势，经过工匠的精心构思和巧妙布置呈现得自然得体，跟周围环境融为一体，充分体现了和谐的思想；在空间结构上，造型丰富、结构精巧，在有效利用和节省了空间的同时还体现出韵律美，其中马头墙、小青瓦最有特色。

11.1.2　建设理念

华阳服务区南北两侧占地约 8 公顷，建筑面积 5600 平方米，于 2012 年初建成投入运营。华阳服务区虽然是"十二五"早期建设的服务区，但是在建设之初即确立了创建生态和谐服务区的总体目标，并进行了系统构思。

1. 人与自然相和谐

在服务区的规划和设计中一定要结合地形，因地制宜，维护自然界“势”的延续，保持自然景观的完整性，降低工程建设对原始地形、地貌的自然性和稳定性的影响，减少对原生生态环境的破坏。

2. 节能减排

节约资源在服务区的建设中首先体现在节约土地上，在服务区建设中尽量提高土地利用率。其次，对于服务区的规模，必须要考虑今后发展远景，以满足扩建需要。最后，注重生态、环保、节能，对服务区建筑的外围护结构、热源、垃圾及污水处理等采用先进高效的技术措施。

3. 以人为本

在服务区的规划设计中体现“以人为本”的要求，把不断满足人们的出行需求作为最终目标，在工程细微之处体现人性化，注重高速公路服务的安全性、舒适性、愉悦性的和谐统一，为人们提供最大限度的出行便利。

华阳服务区建设注重“功能优先、环保节能、文化渗透、特色创新”，以“和谐交通、文化之旅”为设计宗旨，以“安全舒适、资源节约、环境友好、便于养护、经济合理”为指导思想，以现代建筑理论为设计依托，通过美化环境、节约用地、节约能源、保护环境，实现由生产型向生态型转变，创造优美的旅途环境和建筑空间，华阳服务区设计策略见表 11－1 所列。

表 11－1　华阳服务区设计策略

策略	具体措施	体现原则
提倡整体设计	对综合规划、景观、建筑等多方面的知识进行系统的由整体到局部的设计	场区与环境系统相适应
保护资源	节能： (1)尽量利用基地自然条件，实现自然通风、采光； (2)加强建筑外围护结构的节能设计； (3)使用可再生资源，如地热、太阳能等	建筑与生态系统相适应
	节地与减排： (1)将节约土地与高效利用土地相结合； (2)将广场水、雨水收集回用； (3)通过绿化，净化有害气体	

（续表）

策略	具体措施	体现原则
灵活设计	灵活设计建筑结构、服务系统、围护结构等	建筑与未来发展相适应
	设计中留有余地，考虑发展远景	
	针对具体情况采用灵活性设计策略	
运用适当技术	大力推广适宜技术	建筑与经济、技术条件相适应
	适当运用高新技术	
继承文脉	继承和发展传统街区、民居	建筑与社会文化相适应
	继承和发展地方传统的施工技术和生产技术	
	对风景、地景、水景的继承	

11.2 场地规划

11.2.1 原地形利用

服务区规划设计依山就势，尽量减少山体土石方开挖，以场地的优势先进行整合，而后考虑建筑布设。在总平面设计中通过灵活布局将北侧服务区场地内原有古树及入口位置的大范围山地保留下来，如图 11－1 所示。

图 11－1　依山就势的华阳服务区

另外，根据交通量预测，上、下行车流量并不相同，南侧从江浙过来的向绩溪方向的车流量相对较大。因此，两侧服务区采用了不对称布置，南侧服务区占地约 4.3 公顷、建筑面积 3800 平方米，北侧服务区占地约 3.7 公顷、建筑面积 1800 平方米。南侧停车广场区域面积更大，同时为了强调南侧服务区的建筑群落感，宿舍也在南侧单边布置，而北侧场地针对车流情况多预留后期用地。

此外，在建筑后方利用弃土形成的山形土体构建了亭院式景观，做到景观与功能相结合，充分利用场区土地，如图 11－2 所示。

图 11－2　利用废弃地营造亭院式景观

11.2.2　自然景观融合

服务区景观与外部山水景观环境背景协调一致，对周边美好的景象借景利用，同时服务区前广场、建筑、后部园林景观等有机相连，景观整体整修原有山体、地貌，如图 11－3 所示。服务区建筑以连绵起伏的线条塑造外形，与建筑背后自然山脊线相映衬，如图 11－4 所示；在前广场低洼处适当增加局部水体景观，配以小桥流水，一方面与外部山水景观相协调，同时增强了服务区的灵气，让整个服务区“活”起来，如图 11－5 所示；场地绿化整体与皖南地区自然植被类型和结构相近，对服务区整体景观效果有一个较好的支撑。另外，在局部细节上，如休闲场地的设计，也处处考虑与整体山水景观的融合，如图 11－6 和图 11－7 所示。

图 11-3　南侧服务区整体景观示意图

图 11-4　建筑外形与山脊线融合

图 11-5　服务区“小桥流水”

图 11-6　休闲场地“青山、凉亭”

图 11-7　室外休息平台园景化效果

11.3　建筑设计

11.3.1　地域文化融合

华阳服务区地处安徽省绩溪县，是徽派文化的发祥地。服务区建筑设计采用现代式的徽派建筑，建筑的体量、配色均与周围区域建筑风格、自然环境相协调，过渡自然；简约的马头墙、坡屋顶、青砖、黛瓦、白墙掩映于绿树丛中，整体庄重大方，应用了徽派建筑中的群落式布局，点、线、面结合，前后、高低层次搭配，形成优雅自然的轮廓线，如图 11－8 所示。

（a）徽派建筑“青瓦、白墙”

（b）“徽镇”

（c）徽派雕刻

（d）铺装体现徽派文化“和谐”

图 11－8　华阳服务区的徽州印象

此外，在建筑细节设计方面，也充分融入了徽派结合现代建筑的设计理念。如服务区综合楼大厅，采用黑白灰色彩元素，点、线、面结合，徽派马头墙的变形与重组贯穿整个空间设计的始终。大厅顶部遵循现有的空间结构，因势利导，采用矩形作为设计元素进行线与面的结合；墙面采用白色的雪花白石材，同时结合了马头墙的设计元素加以点缀；柱体采用石材开槽处理，同时把徽派的典型元素加以融合；地面为灰色地砖，用两种不同的质感和造型进行穿插与重组，使地面不至于过分单调，同时和顶面又相互映射，充分体现了现代风格与徽派的完美结合，如图11－9所示。

图 11－9 服务区综合楼大厅

服务区卫生间采用简洁的设计元素进行整体的穿插和组合，在色彩上运用徽派的黑白灰设计，整体静中有动；墙面采用白色面砖和深色面砖相结合的方法，用简单的徽派元素点缀整个空间，同时室内的景观更为深刻地表现了整体风格；地面铺深灰色地砖，用白色地砖来丰富整体布局，使整体空间更为灵活而富于变化，如图 11－10 所示。

图 11－10 服务区卫生间

建筑总体上利用现代建筑技术和徽派建筑意念，反映徽州长远的文化底蕴，将景观与地缘历史、人文景观、当地文化相融合，起到展现地域文化特点、体现审美视觉效果的作用。

11.3.2　自然采光与通风

服务区建筑设计中，在满足功能使用的前提下，主要采用了设置悬空屋顶方式，促进自然通风；采用反光板、棱镜玻璃窗，设置落地窗等措施，并利用导光管、光纤等先进的自然采光技术将室外的自然光引入室内，以提高室内照明质量和自然光利用效果，达到节能的目的，如图 11－11 所示。

如服务区卫生间，顶部天棚采用简洁的石膏板顶，同时结合建筑的采光顶设计成线与面的结合，从而使光线自然渗透到室内空间，减少日间照明的电耗。同时，结合侧墙开孔设置采光通风窗，屋顶设置采光天窗等措施，极大提升了自然通风和采光效果，如图 11－12 所示。

图 11－11　服务区综合楼落地窗采光

（a）侧墙采光通风窗

（b）天窗采光

图 11－12　服务区卫生间自然通风采光措施

11.3.3 地产材料使用

鉴于服务区广场面积大，本色混凝土容易造成驾乘人员视觉疲劳，因此采用不同颜色划分使用功能。对于行车道等大部分区域采用黑色防沥青面层；对于车辆比较集中的大型危险车辆停车位及小车停车位采用红色防沥青面层；对于楼前旅客休闲区域采用契合徽派建筑风格、比较亲近的灰色面层，结合砖(石)、木等材料铺装以增加旅客的舒适性，如图 11－13 所示。

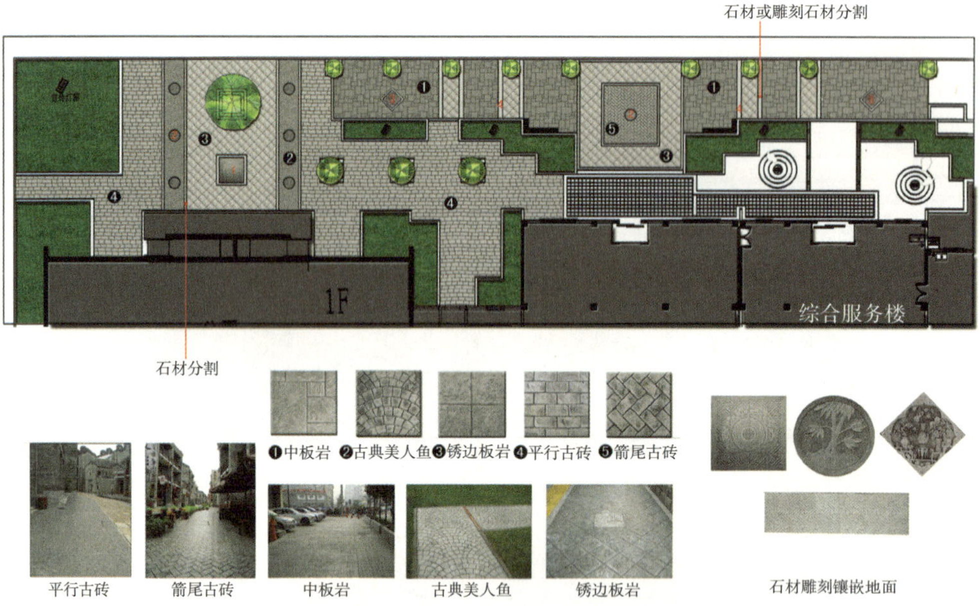

图 11－13 华阳服务区地面铺装效果图

在建筑材料上，一方面尽可能地选用地产材料，如青砖、石板等，使建筑物有机地融入地方环境中，如图 11－14 所示；另一方面尽可能多地使用再生节能材料，如在室内吊顶、室外等处使用再生木，在室外广场面层使用无害的装饰混凝土等，以达到节能减排的目的。

图 11-14　餐厅装修使用地产材料

11.4　新能源技术应用

鉴于华阳服务区所在区域的日照环境，服务区采用了太阳能照明技术，在绿地、庭院等区域设置太阳能灯具，以满足服务区照明需求。另外，服务区还重点应用了热泵技术，采用地源热泵系统为服务区所有人员活动场所提供室内空调，并同时为客房、宿舍、卫生间和厨房提供生活热水。

11.4.1　热泵系统

服务区综合服务楼为两层结构，空调使用面积约 1285 平方米；宿舍楼为三层结构，空调使用面积约 1138 平方米，共有宿舍 54 间，每间宿舍均设有卫生间，可提供 24 小时热水洗浴服务。

服务区共设置 6 台 GSHP60 型模块式地源热泵机组，分成 2 个独立的地源热泵空调（热水）系统，分别供综合楼（包括餐厅、超市、客房和办公室等)及宿舍楼(包括宿舍和盥洗室)使用。地源热交换方式根据现场地质条件情况，采用水平螺旋盘管埋管方式，在建筑物周边景观、绿化和小车停车位地下埋设，盘管总长度约14400米，埋管深度1.2～1.6米，如图6-4和图6-5所示。

11.4.2 空调及热水系统

空调末端采用风机盘管，办公室、宿舍、客房等采用卧式暗装侧出风风机盘管，可有效节约室内空间，且不影响室内装修，送风形式为可调节双层百叶风口送风，回风形式为带过滤网回风口底部回风。公共卫生间采用吊顶式新风空调机组，通过送风管道接至散流器，调节室内空气温度和新风换气。所有末端设备均设置室内温度控制器和电动调节阀，可根据设定室温自动对设备的风速和水流进行调节，以降低能耗，减少运行费用。

利用地源热泵机组热回收装置将系统工作时产生的多余热量回收，热回收装置通过水泵与室内保温水箱连接，热水出水温度为50～60℃，供建筑物内部洗手间、宿舍和客房卫生间淋浴及面盆、厨房洗涤使用。

11.4.3 综合效益分析

地源热泵空调(热水)系统运行震动小，噪声低，无污染物排放，无空气源空调夏季室外排热风、冬季室外排冷风的现象。与传统分体空调相比，项目可取消79个空调室外机安装位置，建筑结构简洁、美观。

从运行能耗看，地源热泵空调(热水)系统相比于分体空调、电热水器系统，年运行电耗可节约40%，相当于节约40%的电费。

11.5 环保设施

11.5.1 污水处理

服务区冲厕污水、餐饮废水、生活污水等综合污水采用“接触氧化+

人工湿地"处理工艺，该工艺是一种较为先进的低能耗污水处理工艺。接触氧化段采用常规地埋式一体化装置，生化处理可极大降低人工湿地进水污染物负荷，保证后续人工湿地系统的长期稳定运行；人工湿地采用潜流和表面流两段，前段的填料采用沸石和陶粒，强化对面源污染中氨氮的吸收效果，并且易于维护管理，后段表面流湿地具有进一步净化污水的能力，可种植美人蕉、芦苇、茭草等植物，与服务区整体山水景观相融合，如图 11－15 所示。

（a）前段——接触氧化地埋式一体化装置　　（b）后段——人工湿地

图 11－15　华阳服务区污水处理设施

11.5.2　雨水处理

服务区场地因交通活动形成的路面沉积物中含有有机污染物、油类、重金属等多种污染物，这些污染物会随着降雨时产生的雨水径流进入周边自然水体，从而对受纳水体造成污染。通常，从水污染防治的法规标准层面，尚未对服务区雨水径流提出明确要求，所以绝大多数服务区并未关注对于雨水径流的污染控制。但是，采取有效措施对服务区这类特殊区域的雨水径流进行处理，可以更好地保护水环境，并且可以为绿化、景观等用水提供补水，促进水资源的循环利用。

雨水循环利用系统示意图如图 11－16 所示。分广场雨水和屋面雨水两个系统对服务区径流雨水进行收集，收集后的雨水处理方案，从有效降低污染、降低治理成本、营造生态景观三方面考虑，选择沉淀预处理结合人工湿地为主体的处理工艺。收集后的雨水首先被引入滤水槽，槽内铺设卵石或砾石等滤水材料，雨水在滤水槽中沉淀过滤后，再进入人工湿地；人工湿地采用潜流形式，结合地形、地势灵活布置，力求自然和谐，如图 11－17 所示。人工湿地出水进入蓄水池，作为服务区绿化用水及景观水体的补水回用。

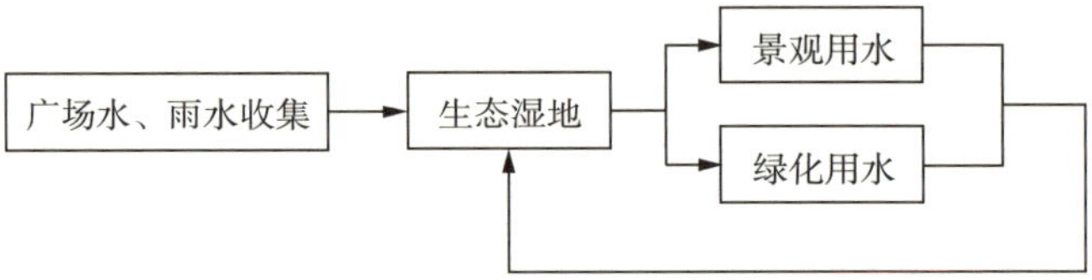

图 11－16　雨水循环利用系统示意图

图 11－17　用于雨水处理的潜流人工湿地

参考文献

[1] 交通运输部，国家旅游局，国家铁路局，等．关于促进交通运输与旅游融合发展的若干意见[EB/OL]. http://www.sohu.com/a/158803011_732525.

[2] 交通运输部．关于实施绿色公路建设的指导意见[EB/OL]. https://www.sohu.com/a/109046967_431094.

[3] 李慧玲．绿色建筑理念下的高速公路服务区建筑设计研究——以陕西省高速公路服务区为例[D]. 西安：长安大学，2011.

[4] 吴荻．建筑空间思辨论[J]. 林业科技情报，2013，45(3)：22-23.

[5] 闫天鹏，曾小军．高速公路服务区建设问题探讨[J]. 中外公路，2007，27(5)：7-9.

[6] 秦华容．基于服务对象需求分析的高速公路服务区配置研究[D]. 西安：长安大学，2005.

[7] 刘孔杰，崔洪军．高速公路服务区规划设计[M]. 中国建材工业出版社，2009.

[8] 楚连义．高速公路服务区规划及建筑设计研究——以河北省高速公路服务区为例[D]. 天津：天津大学，2009.

[9] 吴波．地域文化视野下的高速公路服务区设计初探[D]. 西安：西安建筑科技大学，2009.

[10] 蒋愚明．高速公路服务区服务设施规模的研究——以安徽省高速公路服务区为例[D]. 南京林业大学，2008.

[11] 吴鸣，黄永明．高速公路服务区设计新理念探讨[J]. 交通标准化，2010(Z1)：55-60.

[12] 李慧．高速公路服务区布局规划研究[J]. 中外公路，2007，27(1)：211-213.

[13] 葛林．高速公路服务区的设计优化[J]. 中外公路，2005，25

(3):135－136.

[14] 陈向前．高速公路服务区项目的绿色建筑实践[J]．绿色建筑,2015,7(2):37－39＋42.

[15] 马建兴,李宏．略谈高速公路服务区的建筑节能[J]．山西交通科技,2008,7(2):79－81＋42.

[16] 刘志农,吴敏琳．新形势下加强绿色建筑理念全面推广的研究——基于杭州市区的调查与分析[J]．建筑工程技术与设计,2015(17):1918－1919.

[17] 张芳．解析绿色建筑理念在设计中的应用[J]．城市建设理论研究(电子版),2013(24):1－7.

[18] 倪修勤．低碳环保技术在高速公路服务区建设中的综合应用[J]．现代装饰(理论),2015(1):248.

[19] 李颖．高速公路服务区功能设计[J]．交通世界(运输·车辆),2010(05):159－160

[20] 林丹丹．高速公路服务区规划与设计理念创新[J]．华东公路,2009(5):57－59.

[21] 常兴文,曹豫涛,于瑾．高速公路服务区规划与设施设计[M]．北京:人民交通出版社,2013.

[22] 尹晶．高速公路服务区环境设计[M]．北京:中国建材工业出版社,2013.

[23] 张薇薇．高速公路服务区的照明设计[J]．低碳世界,2014(1):204－205.

[24] 马鹏．高速公路服务区供配电系统设计[J]．中国新技术新产品,2010(11):144－145.

[25] 林瑞慧．浅议我省高速公路附属房建工程建设[J]．福建建设科技,2009(5):73－74.

[26] 顾兴蓥．民用建筑暖通空调设计技术措施(第二版)[M]．北京:中国建筑工业出版社,1996.

[27] 杨昌智,刘光大,李念平．暖通空调工程设计方法与系统分析

[M]. 北京：中国建筑工业出版社，2005.

[28] 叶大法. 浅谈公共建筑空调系统的绿色节能设计[J]. 暖通空调，2017，47(10)：62－67.

[29] 杨艳刚，简丽，关磊，等. 我国高速公路绿色服务区评价指标体系构建[J]. 交通标准化，2019，5(5)：88－93.

[30] 杨艳刚，简丽，崔国军，等. 绿色服务区的内涵解析与实现途径[J]. 吉林交通科技，2019(4)：22－25.

[31] 王诚. 高速公路绿色服务区评价体系研究——以陕西省高速公路服务区为例[D]. 西安：长安大学，2011.

[32] 钱玉宝，杨艳刚. 绿色服务区内涵、建设现状研究与展望[J]. 安徽建筑，2018，24(2)：14－15＋102.

[33] 秦晓春，沈毅，邵社刚，等. 低碳理念下绿色公路建设关键技术与应用的探讨[J]. 公路交通科技(应用技术版)，2010，6(10)：308－310＋322.

[34] 简丽，姚嘉林，陈学平，等. 高速公路服务区污水处理回用研究[J]. 公路，2016(5)：199－203.

[35] 简丽. 我国公路服务区污水处理现状问题及技术对策[J]. 公路交通科技(应用技术版)，2018，14(8)：319－322.

[36] 简丽，杨艳刚，李振洋. 分布式太阳能光伏并网发电在高速公路服务区的应用效果研究[J]. 公路，2017，62(2)：210－213.

[37] 刘学欣. 公路服务区污水生物生态协同处理技术的工程实践[J]. 中国给水排水，2018，34(12)：103－106.

[38] 王冀. 高速公路服务区景观设计中的场所精神研究[J]. 交通标准化，2014，42(18)：40－44.

[39] 曹进，贾珍珍，杨艳刚，等. 粤北地区高速公路服务区绿化树种筛选与固碳释氧效应评价[J]. 交通世界，2017(Z1)：218－219＋221.

[40] 王涛，杨艳刚，简丽. 夏热冬冷地区高速公路服务区建筑空调能耗与影响因素定量关系研究——以安徽省高速公路服务区为例[J]. 交通运输研究，2016，2(3)：43－48.